行知文库
XINGZHI LIBRARY

HANYU QINGTAICI DE JUFA CENGJI XULIE

汉语情态词的句法层级序列

董惠颖　著

东北师范大学出版社
NORTHEAST NORMAL UNIVERSITY PRESS
·长　春·

图书在版编目（CIP）数据

汉语情态词的句法层级序列 / 董惠颖著. -- 长春：东北师范大学出版社，2025. 6. -- ISBN 978 - 7 - 5771 - 2036 - 2

Ⅰ. H146. 3

中国国家版本馆 CIP 数据核字第 20257BL820 号

□责任编辑：刘学东　□封面设计：高　鑫
□责任校对：李珊珊　□责任印制：侯建军

东北师范大学出版社出版发行
长春净月经济开发区金宝街 118 号（邮政编码：130117）
电话：0431-85690289
网址：http://www.nenup.com
东北师范大学音像出版社制版
吉林省良原印业有限公司印装
长春市净月小合台工业区（邮政编码：130117）
2025 年 6 月第 1 版　2025 年 6 月第 1 次印刷
幅面尺寸：170 mm×240 mm　印张：8.75　字数：132 千

定价：58.00 元

目 录

第一章 绪 论

1.1 引 言

情态是语言表达的一种类型，体现了言者对句子表达的命题或命题所描写的情境的观点或态度（Lyons，1977；Palmer，1986），能够为中性的命题添加或补充额外的意义（Bybee，Fleischman，1995），是句中命题以外的成分，即非事实成分（廖秋忠，1989）。

情态研究最早可以追溯到古典模态逻辑学研究，与命题的真值紧密相关。亚里士多德用"可能性"与"必然性"表示的真值模态方阵，用来探讨不同模态范畴的形式结构，这成为现代模态逻辑学与可能世界语义学研究情态词的理论基础。冯·弗里克特（von Wright，1951）从逻辑学的角度将模态范畴分为四类：真势模态、认识模态、道义模态与存在模态。该理论对普通语言学关于情态词内部分类的探讨影响深远。雷切尔（Rescher，1968）的模态范畴八大类（真势、认识、道义、存在、时间、意愿、评价、因果）以及帕默（Palmer，1979，1986）的情态词系统化分类，均继承或发展了模态语义学研究的基本理论框架。

关于情态词本体论内涵的研究，克拉策（Kratzer，1991）提出了"模态语义三维度"，包含模态力、模态基和定序源。

模态力是情态词最核心的语义特征，是一个从不可能到必然的连续体：

(1) 英语认识情态模态力层级由高到低分布(Kratzer, 1991):

necessity	*must*
weak necessity	*probably*
good possibility	*there is a good possibility that*
possibility	*might*
better possibility	*is more likely than*

与传统模态逻辑学中“可能性”与“必然性”的二元对立不同,克拉策的模态力维度是一个强度梯级系统。在现代汉语研究中,模态力的概念通常对应为情态的“强度”,体现出梯级序列来(沈家煊,1999;彭利贞,2007)。

模态基可以用来消除情态词的歧义。特定的语境和环境等因素,对于多义情态词语义滤取存在着影响。以英语情态动词 must 为例,有利于获得道义情态义解读的句法因素有:①被动语态;②自主动词;③第一人称/第二人称主语;④否定形式。有利于获得认识情态义的句法因素有:①完成体;②进行体;③静态动词;④存在主语/无生命主语。这些句法因素在多义情态词的语义甄别中起到重要作用(Coates, 1983)。

定序源是指在可能世界语义学的框架下,情态词所限定的可能世界所需要满足的条件的来源。对于每个特定的可能世界,定序源能够给出对应的限定条件,如“符合道义需要”或“符合施事要求”等。

模态基与定序源统称为情态词的会话背景要素,对应语义上的量化限定成分。

主观性也是情态词的语义特征之一,与言者视角相关,菲尼根(Finegan, 1995)将情态的主观性属性分为三个层级:①客观性,即命题本身的属性;②主观性,体现言者对命题的态度;③交互主观性,体现言者对听者的态度。

1.2 情态词的分类

情态词的分类问题分为内、外两大方面:一是根据词类划分标准进行的分类（情态副词与情态动词），二是从情态词的情态意义类型分出来的类型。其中对现代汉语情态词研究影响较大的当数帕默（1979，1986）的情态分类体系。

1.2.1 情态词的外部分类

基于外部情态系统的标准的分类，如情态词的词类划分，是现代汉语情态词研究重点关注的议题之一。在可用于情态表达的词语当中，名词、形容词、副词、语气助词之间的分界相对比较清楚，而助动词和实义动词（主要动词）之间的分界则较为模糊。

英语情态动词有着不同于实义动词的形态句法特征：①无过去分词形式、不定式、现在进行式等非限定性形式；②无第三人称单数形式；③无被动语态；④禁止连用（Radford，1988）。[①]

汉语为形态不丰富型语言，英语的区分标准无法适用于汉语的测试，这促使国内学者探究能够适用于汉语情态词外部分类的句法特征因素。传统语法研究依据广义句法功能标准（刘月华等，1983；袁毓林，2000；郭锐，2002），从语法词类对应的语法特征出发，对情态词的词类范畴进行了讨论，比较有代表性的观点有“动副兼类说”“功能语中心语说”（胡波，2016）等。

1.2.1.1 情态词动词说

“动词法（the Modal-as-verbs analysis，简称 MAV）”认为情态动词的本质是动词。黎锦熙与刘世儒（1957）最早探讨了情态助动词的动词属性：能独立作谓语，并以后边的动词作谓词性宾语。这些体现了动词性。刘坚（1960）提出了三种情态动词区别于副词的句法特征：①单独作谓语；②“不×不”形式；③接受程度副词“很”修饰。李讷等人（LI C，THOMPSON S，1981）、汤廷池（1988）、朱德熙（1982）、郭锐（2002）进一步补充了动词、副词的区分标准，总结如下：

①动词能够充当谓语，副词不能充当谓语；

②动词能够被其他副词（如程度副词“很”、否定词“不”“没”）所

---

① 夸克等人（Quirk et al.，1985）认为，并非所有的情态助动词都符合典型的助动词特征描写，助动词与主要动词之间存在一个连续统，其中只有核心成员才符合家族的全部句法特征，边缘成员则不具备这样的能力。彭利贞（2007）在讨论汉语情态词范畴划分时，也运用了典型范畴论的思想。

修饰，而副词不能；

③动词能够带直接宾语，指派论元角色，而副词不能；

④动词能够写成“×不×”的正反问结构，而副词不能；

⑤动词能带“着、了、过”等时态助词，而副词不能。

除了传统语法研究框架下的讨论外，形式语法也对情态词动词性特征进行了深入探究，详见第二章讨论。

1.2.1.2 情态词动词-副词兼类说

“动副兼类说”认为汉语情态系统既体现出部分动词的特征，亦体现出部分副词的特征。谢佳玲（2004）主张情态动词到情态副词之间没有明确的分界，并对汉语情态副词进行了系统性总结：

（2）认识情态副词：一定、肯定、必定、势必、必然、未必、准是、没准、不免、未免、难免、不至于、大半、大多、多半、大概、也许、或许、恐怕

（3）道义情态副词：必须、不必、务必、千万、还是、最好、姑且、不妨

彭利贞（2007）基于典型范畴论，提出现代汉语情态系统中存在一种“动词—情态动词—副词”的连续统一体，一个情态动词可能兼具动词与副词的某些特点。范畴内部典型成员与边缘成员满足句法特征区分标准的能力存在差异，典型成员靠近范畴中心，非典型成员位于范畴边缘，越靠近范畴中心的成员表现出越多助动词的句法特征来，范围如下：

（4）a. 典型情态动词：能（够）、要、会、应该（应当）、可（以）、肯、敢

b. 较典型情态动词：得［děi］、该、可能、想、一定、准

c. 非典型情态动词：必须、肯定、乐意、情愿、许、愿意

徐晶凝（2008）在先前学者研究的基础上，对比整理了情态助动词与动词、副词的语法特征异同，并认为应该将情态词单独列出进行研究（本书中使用缩略语的说明请见附录中的表 1）：

表 1-1 动词、副词与情态助动词的语法特征对比（徐晶凝，2020）

	动词	情态助动词	副词
单独作谓语	+	+	—
×不×	+	+	—
不×不	—	+	—
可带“了、着、过”	+	—	—
后带 VP	+（不可省略）	+（可省略）	+（可省略）
后带 NP 作宾语	+	—	—
重叠式	+	—	—
命令式	+（自主动词）	—	—
能受“很”修饰	—（除心理动词外）	+	—

徐晶凝指出，部分情态助动词的句法特征并不具有对内普遍性，就是说，具体到情态词各次类上，对应的准确率较低，部分能够适用于某一情态子类的特征对其他情态子类并不一定适用。

1.2.1.3 功能语中心语说

“功能语中心语说”是基于制图理论（The Cartography Approach，Rizzi，1991；Cinque，1999）提出的，主要观点为：情态词的本质是功能语。功能语是一个开放性分类，由功能性成分构成，既包含独立词项，也包含屈折语素，如英语中未来时标记 will 与过去时标记-ed 都属于功能性成分，前者是独立词项，后者为屈折语素（Rizzi，Cinque，2016）。

不同的功能语节点有着不同基础句法位置，分布在不同的句法层级域内。

（5）辛奎（Cinque，1999）的左缘功能语类分布（情态词部分）：
epistemic＞alethic necessity＞alethic possibility＞volition（决断）＞deontic necessity＞dynamic/deontic possibility

巴特勒（Butler，2003）基于克拉策（1991）的分析，将认识情态与道义情态分别处理为命题算子和谓项算子，并结合否定词出现的位置对两类情态词进行了句法层级上的排序①：

(6) 英语情态词的句法序列：
epistemic necessity > (negation) > epistemic possibility > (strong) subject>root necessity>negation>root possibility>vP

从整体来看，认识情态高于道义情态；从部分来看，认识必然与认识可能、道义必然与道义可能，分别以高低否定词为轴呈左右对称分布。

蔡维天（2010，2015）提出了汉语情态词的句法层级体系，认为认识（知识）情态词位于补词层，与“言者主语”有关；道义（义务）情态词位于屈折层，与“句法主语”有关；动力情态词位于词汇层，处于内主语的节制之下。

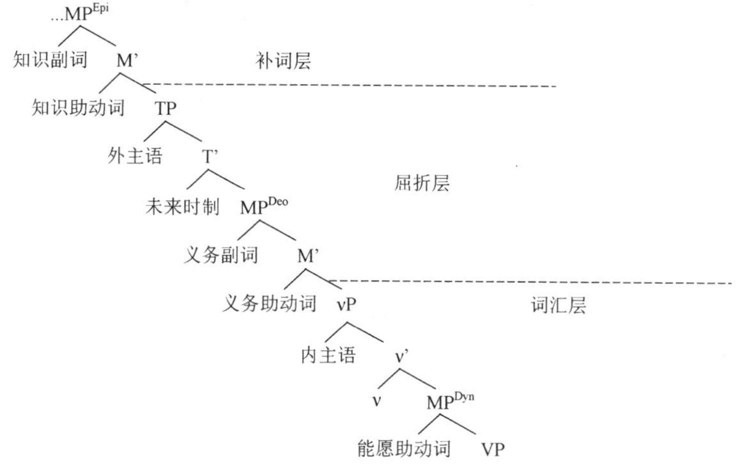

图 1-1 情态词句法分布层次（蔡维天，2010）

① 巴特勒（2003）提出的完整结构为：

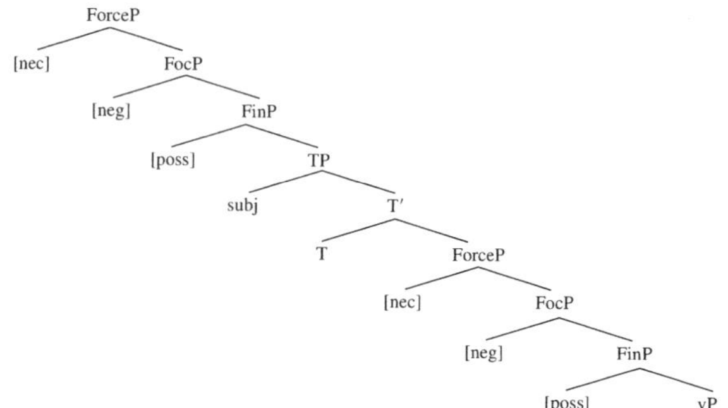

蔡维天关于汉语情态词句法分布的分析，延续了制图方案的研究范式，将情态词的信息结构与句法结构有机地结合在一起，这是本书探究情态词的句法层级序列的主要理论依据。

1.2.1.4　开放分类说

以情态助动词为主要研究对象的封闭类研究，关注的是以有限成员组成的情态概念系统。开放类研究则扩大了情态系统的外延，除了动词、副词、助动词之外，亦包含其他词类或句类范畴。

波特纳（Portner，2009）将情态词研究按照语法层级分为三类：（1）句级情态[①]，包括情态研究的核心对象——部分情态助词及修饰句子的副词（如 maybe）；（2）次句级情态指的是结构小于一个分句的表达情态的结构，写作 MODAL＋S（如 *It is possible that* ...），这个分类下还包括直陈语气和虚拟语气；（3）话语情态，指的是话语篇章中与句子的真值无关的情态要素。

关于汉语开放类情态系统的研究，汤廷池（1997，2000）提出汉语的情态表达横跨四个词类：情态语气助词、情态副词、情态动词与情态形容词。其中，情态副词包含真值、认知、评价与可能性这些细目[②]。

鲁川（2003）将语气助词与情态词共同纳入表达主观信息的大系统，其中，“语气”用来表达言者对闻者的交际意图，而“情态”则表达了言者对事件本身的认识或态度。徐晶凝（2008）将句类、语气助词、连词（如果/假如/要是/即使……）等主观性表达成分一并纳入汉语话语情态系统，并分别考察了这些不同层次的语法范畴表达的情态意义，并总结了话语层次上情态表达成分的家族典型/非典型/边缘成员。

---

① 句级情态是波特纳的重点论述对象，分为以下六类：
第一，情态助词：must，can，might，should 等
第二，情态动词：need（to），ought（to）等
第三，情态副词：maybe，probably，possibly 等
第四，通指结构：包括泛指句和惯常体
第五，时体成分：将来时 will，进行时，过去式
第六，条件结构：if...，（then）...S

② 汤廷池（1997，2000）的情态副词具体分类包括以下词目：
第一，真值：真的、的确、难道、到底、究竟
第二，认知：反正、简直、索性、干脆、当然、果然、好像
第三，评价：幸好、幸亏、好在、竟然、居然、偏偏
第四，可能性：或许、也许、说不定

张和友（2016）提到了“插入语”式情态，将插入成分按照情态属性分成了五类，在句法分布上有一个从高到低的投射，从最高的只能出现在句首的反预期情态“想不到”，到比较低的能够出现在动词结构内部的插入语成分。这些成分不仅内部组合遵循一定的词序，在与助动词、情态副词共现时，情态结构在线性次序上居前。这些研究都对构建一个外延更广、成员结构更加复杂的汉语情态综合系统提供了启示。

1.2.1.5 小结

综合前人研究可以看出，情态词的词类划分问题至今仍未达成一致公认的处理方案。现存关于动词/助动词/副词的句法特征总结，不足以支持将情态词分到任何一个固定类目下的分析。因此，各家学者选择了不同的指称，如曹逢甫（2005）、徐晶凝（2008）、胡波（2016）使用“情态助动词”这一指称，王伟（2000）、宋永圭（2004）、彭利贞（2007）则使用“情态动词”这一指称，这些是从论述方便性和用词一致性角度出发的折中处理方法。

本书认可将情态词作为处于动词到副词过渡带上的独立范畴的分析，并使用“情态助动词”来指称“具有或偏向具有动词性质”的情态词，使用“情态副词”来指称“具有或偏向具有副词性质”的情态词。“心理动词”，如“打算”“企图”等，属于表示心理活动或主观意愿的实义动词，不在本书的探讨范围之内。

1.2.2 情态词的内部分类

上文中提到，情态助动词的整体性句法特征，对于内部各个子类不可一概而论，类型学、形式句法学也从不同角度解释了情态词内部“三分”或“二分”的结构差异。本节主要讨论情态词的几种内部（下位）分类标准，主要包括语义内涵、句法结构、情态强度等，以及分类后各个子类对应的句法结构特征。

1.2.2.1 语义内涵——“三分法”与“二分法”

情态词“认识”“道义”“动力”三分法由来已久，典型代表便是帕默（1979，1986）的情态类型系统。夸克等人（1985）认为句子的语义反映了言者对于命题成立的可能性的判断，并将情态分为外在情态和内在情态，前者包括可能性、必然性和预测，后者包括许可、义务和意愿。

然而，部分学者注意到，相较于认识情态，道义情态和动力情态总是处于线性语序更靠前的位置上（McDowell，1987；Brennan，1993，1997），这一现象为后续两种非认识情态合并为一类的“二分法”奠定了基础。

科茨（Coates，1983）考察了英语中不同情态词的句法环境条件，认为用“道义”一词来指称譬如 must 和 may 等情态词不能准确地揭示其本质特征，并提出“根情态”的概念，将道义情态与动力情态一并包含在内。英语情态词分为认识情态与根情态两类，大部分英语情态动词体现出两种情态之间的待定性。

拜比、弗莱希曼（Bybee，Fleischman，1995）认为情态包括命令、意愿、假设、潜力、道义、怀疑、劝说、感叹等多种语义表达类型，分为认识、施事导向和言者导向。

克拉策（1999）提出了“情态词作为算子（modal-as-operator）”的理论，情态必然是全称量化算子（universal quantifier），情态可能是存在量化算子（existential quantifier）。巴特勒（2003）参考乔姆斯基（Chomsky，2001）关于 νP 具有完整论元结构的论述，将命题化（prepositional）结构的概念从唯一的“句子”扩展到了动词短语，从而将克拉策（1999）的理论修订为：认识情态为命题算子，统辖的句法范畴为 TP；根情态为谓项算子，统辖 νP。情态词在逻辑式（Logic Form，LF）层面调解主语与谓词之间的投射关系。

汉语研究界中，学者们大多采用帕默的“认识/道义/动力”情态三分系统，但亦有例外。如王维贤、李先焜与陈宗明（1989）从模态逻辑学的角度将汉语情态词分为“认识”“道义”“时间”，对应不同功能的逻辑运算算子[①]。

---

① 王维贤等（1989）的情态三分系统：

第一，认识情态：

（1）张三知道明天会下雨。→ x 知道 p

（2）张三相信明天会下雨。→ x 相信 p

第二，道义情态：

（3）应当去救落水的儿童。/救落水的儿童是应当的。→ 应当 p

（4）禁止随地吐痰。/随地吐痰是禁止的。→禁止 p

第三，时间情态：

（5）有时天下雨。→ 有时 p

（6）经常天下雨。→ 经常 p

（7）曾经天下雨。→ 曾经 p

（8）天将要下雨。→ 将要 p

徐晶凝（2008）总结了情态助动词区别性句法特征，对照外部参照系——副词/实义动词来说，整体上比较准确，但具体到各个子分类则有不少需要优化的地方，包括但不限于以下几方面：

1. “能够单独作谓语”不适用于部分根情态词：— * 得。— * 能够。[①]

2. “能受程度副词‘很’修饰”在每个子类中都存在例外：

①认识：很可能、 * 很应该

②道义： * 很应该、 * 很必须、 * 很要

③动力：很会、很能、 * 很肯

3. “后带宾语 NP”的说法较为笼统，没有考虑到宾语提升话题句的情况：

（7）可能晚饭他们已经吃过了。

（8）应该那个人他认识。

1.2.2.2 句法结构——提升与控制

生成语法从动词提升/控制的角度分析了情态词的内部差异。英语中，认识情态词能够激活提升结构，道义情态词能够激活控制结构（Ross，1969；Perlmutter，1970）。提升结构允许从句中的成分自由提升到主句的空范畴（empty category）pro 位置，而控制结构的从句主语为空代词（null pronoun）PRO，深层结构中没有发生位移（movement）。

关于现代汉语情态动词的形式句法分析，以黄正德（1988）、曹逢甫（2005）、林若望等人（1995）、林宗宏（2011，2012）为代表，不同学者对于具体情态词的提升/控制划分判定不同，但对于典型成员的分类结果大致相同。情态词的形式句法研究推动了情态词的系统化描写，解释了认识/道义/动力情态的句法特征差异的内部规律，也为本书分析情态句句法操作提供了重要的理论分析依据，总结如下：

表 1-2　情态词的句法语义特征（曹逢甫，2005；彭利贞，2007；蔡维天，2010；胡波，2016）

句法特征	词类		
	认识情态	道义情态	动力情态
与“了$_1$”“过”共现	+	—	—

① 例句或例词前加注“ * ”表示该结构不合语法。

续 表

句法特征	词类		
	认识情态	道义情态	动力情态
与“$了_2$”共现	+ (Modal>$了_2$)①	+ ($了_2$>Modal)	+ ($了_2$>Modal)
补足语的限定性	+	—	—
允许补足语成分中的宾语话题化提升	+	+	+
允许谓词性补足语提前	+	—	+
对域外论元有语义限制	—	+	+
允许补足语成分带时体标记	+	—	—
允许情态词出现在句首位置	+	+	—

由于形式句法分析将情态动词处理为主要动词，因此，这种分析又被称为“情态词动词分析法（The ‘Modal-as-Verbs’ Analysis，Huang，2009）”，简称为“动词法”。以制图方案为主要研究范式的“功能语中心语说”（以下简称为“制图法”），则将一部分认识情态词与根情态词的句法特征差异，归因于功能语域分层的表现。两种分析方案在解释和预测情态句自然语序时各有长短。如“动词法”能够通过提升、控制动词的结构性规律，揭示不同情态词在选择限定性与非限定成分作补足语时的搭配限制；“制图法”能够通过层级序列的划分，较为准确地预测认识情态、否定词与根情态的位置关系；等等。

1.2.2.3 情态强度——可能性与必然性

由于在句法层级上体现出高低对应关系，我们将［认识—道义—动力］称为情态词的层次特性。与该特性平行的是情态词的强度特性，即克拉策（1991）语义三维度中的模态力。这种特性与情态词的词库属性有关，体现的是情态词的语义内涵。

由于情态词是一个连续统，理想状态下，其中的每个成分都应该能与一个不同量级的其他成分进行强度比较。（如：must>may，likely>possibly）

与英语中的情形相似，汉语情态词也存在着一个从必然到可能的语义

① 此处“A>B”表示 AB 共现时，A 的语序位于 B 之前。下文用法同。

强度梯度序列。彭利贞（2007）根据语义强度将汉语认识情态词与道义情态词分为三级：

（9）认识：［可能］＜［盖然］＜［必然］
　　道义：［许可］＜［义务］＜［必要］

范伟（2012）则将道义情态分为四个等级，强度层层递升：

（10）道义情态强度等级：
语义类别：许可＜建议＜义务＜命令
　　例词：可以＜应该＜最好＜必须

与认识情态和道义情态不同，动力情态的家族成员中并未表现出较为明显的“可能”“必然”强度差异。因此，学者关于动力情态的强度定性通常还是使用“标注法”，即使用语义阐释来为其进行标注（如［能力］、［意愿］、［希望］等）。

林刘巍（2019）综合先前学者的研究，对情态强度等级进行了归类：

表 1-3　情态强度及其定义表（林刘巍，2019）

情态词范畴	强度	典型例词
认识情态	高［必然］	必然、肯定、一定、准、得、要
	中［盖然］	应该、会（应当、应、该、当）
	低［可能］	可能、能（能够）
道义情态	高［必要］	必须、得
	中［指令］	应该、要
	低［许可］	能、可以、准、许
动力情态	高［力图］	要
	中［希望］	想
	低［意愿］	愿意

杨黎黎（2017）对根情态动词进行了跨次范畴的强度对比：

（11）根情态语义强弱等级序列：

能/能够＜可/可以＜会＜应该/该＜要＜肯＜得＜准/许＜必须＜必定＜必然

同时，情态强度的梯级性也可由情态动词与情态副词组合来表达（谢佳玲，2004）：

（12）一定得　千万要　务必要　还是应该

情态词的强度划分，本质上是以模态力为单一参照系建立的分类标准，与句法层级序列并不一一对应。就是说，当出现情态词连用结构时，情态必然并不一定位于情态可能之前，也不一定位于情态可能之后。这一点与巴特勒（2003）关于英语情态词层级序列的讨论存在出入。本书将在第二章关于否定词的部分进行具体讨论。

从跨语言研究事实来看，其他语言中也存在用同一语音形式的语法成分来表达认识/根情态的现象，如芬兰语中有的助动词既可以表达认识必然，也可以表达道义必然；希腊语中，情态可能与情态必然均具有认识或道义两种解读。但与之相对应的是，任何语言中都没有使用同一语音形式表达类型相同、强度不同的情态，即不存在同一个词既能表达“认识可能”又能表达“认识必然”的情形，也不存在同一个词既表达“道义可能”又表达“道义必然”，因此，“可能”与“必然”的分野是词库层面核心语义内容的分别。

1.3　汉语情态动词的句法分析

除了分类问题外，情态词研究的另一大主要议题在于句法分析，主要关注以下几类问题：①情态句中的从句主语移位问题；②情态词共现的条件限制及语序规律；③情态词与否定词、量化结构、焦点结构等句法成分的互动。本节将从以上几个方面比较分析两种情态词的主流句法分析理论——动词分析法与制图理论法，并指出各自问题所在。

1.3.1 动词分析法

情态词动词分析法（Ross，1969；Perlmutter，1970；黄正德，1988；曹逢甫，2005；Lin，1995；Lin，2011；胡波，2016），是将情态动词分析为句法上不同结构的动词的理论方案。该理论认为，情态句就是情态词作核心谓词的句子，依据动词补足语成分和句法特征不同，区分出提升与控制两类结构。

认识情态激活提升动词（raising-verb）结构，相当于一元不及物谓词；根情态激活控制动词（control-verb）结构，相当于二元及物谓词。两类动词都可以作为句子的中心动词，下辖（subordinate）动词无显形主语。（Ross，1969；Perlmutter，1970）

黄正德（1988）认为情态动词在底层结构中是核心动词，经过句法变换后，在表层结构中成为助动词。提升与控制结构可以以主语的选择限制条件为区分标准：控制动词是双元及物动词，主语为外论元主语，命题或事件补足语为内论元，例子有“会$_{EPI}$”“可以$_{DEO}$”；提升动词是一元不及物动词，只有一个补足语内论元，例子有“会$_{DYN}$”“能$_{DYN}$”。

认识情态词助动词“会$_{EPI}$”是一个单元谓词，句子为提升结构（e：empty category，空范畴）：

（13）[e 会 [这本书涨价]]

“会”以其后的主谓结构为宾语，但没有语义上的主语，主谓结构中的“这本书”经过主语提升，移到“会”字前面的空主语位置，就形成了[这本书会涨价] 的表层结构。

动力情态助动词“会$_{DYN}$”是一个双元谓词，能够选择一个名词作主语，一个动词（词组）作补足语，整个句子为控制结构：

（14）[他会 [PRO 开车]]

从句主语在情态句中的可选择性（optional）移位一直是动词法分析的重点。林若望与汤志真（1995）提出，情态词是以 CP 为补足语的动词，主语在提升与控制两种句法结构中发生了不同的移位，移位是出于格指派的需要。

（15）a. 提升情态动词

$[_{TP}$ Zhangsan$_i$ yinggai $[_{CP}$ $[_{TP}$ ti chi-guo fan le$]$ $]$ $]$

b. 控制情态动词

$[_{TP}$ Zhangsan$_i$ nenggou $[_{CP}$ $[_{TP}$ PRO$_i$ chi fan$]$ $]$ $]$

提升结构中，从句的屈折语中心 INFL 能够为主语指派主格（nominative case），因此，主语能够停留在原位（in-situ），此时主句主语位置上由一个空填补足语（empty expletive）占据。而控制结构中，从句主语因为不能被指派格位，因此，强制提升至情态词前边的主句主语位置上才能获得格指派。主语移位的非强制性导致了情态词能够出现在主语的先后位置上的不同线性语序。

与黄正德的观点不同，林若望与汤志真（1995）认为表认识义的“会$_{EPI}$”以听者为对象的道义情态词，如“应该$_{DEO}$”“可以$_{DEO}$”“要$_{DEO}$”是提升动词，而以言者为对象的道义情态以及动力情态为控制动词。从语言现象出发，林若望与汤志真的分类方法的确能够预测出正常的语序——提升动词允许动词出现在位于主语前的位置，即不强制主语发生提升，但本书认为这种结果并非因为激活了提升结构，而是控制情态动词在焦点句中的用法，详见第六章讨论。

林宗宏（2011，2012）从限定性（finiteness）的角度讨论了提升/控制结构的差异：认识情态与道义情态能够携带一个限定性 TP 为补足语，将来时标记“会$_{将来}$”和动力情态携带非限定性 TP 补足语。提升结构只能出现在限定性语境（此处指的是从句的语境）中，而控制结构既可以出现在限定性语境，也可以出现在非限定性语境中。林宗宏还提到了两个可以检测结构限定性的成分：“了$_2$”与“已经”。

胡波（2016）也认为非强制提升情态句中，情态词携带 CP 从句，阻碍了内部主语的移位，而强制提升情态句中，情态词携带不定式 TP 从句，允许从句内的名词性成分进行提升：

(16) A. 非强制提升：可能［$_{CP}$你［应该［PRO 做这件事］］］

B. 强制提升：你$_i$［e［可能［$_{TP}$ t_i［应该［PRO 做这件事］］］］］

笔者将诸位句法研究学者（黄正德，1988；曹逢甫，2005；林若望等，1995；林宗宏，2011）关于情态词提升/控制二元结构的对应分类整理如下：

表 1-4　情态动词的提升/控制结构分类

	黄正德	曹逢甫	林若望、汤志真	林宗宏
提升情态动词	可能、可以$_{DEO}$、应该$_{EPI/DEO}$、该、会$_{将来}$	可能、应该$_{EPI}$、会$_{EPI}$	可能、应该$_{EPI}$、可以$_{DEO}$、要、应该$_{DEO}$、会$_{EPI}$	可能、应该$_{EPI}$
控制情态动词	敢、肯、能、能够、可以$_{DYN}$、愿意、会$_{DYN}$	敢、肯、能$_{DEO}$、能够、能$_{DYN}$、会$_{DYN}$、应该、应当、该	敢、肯、能、可以$_{DYN}$、会$_{DYN}$、想、愿意	必须、应该$_{DEO}$、得［dé］、得［děi］、能、能够、可以、肯、愿意

由上表可以看出，句法研究学者在“会$_{EPI}$”，以及部分道义情态词的分类上意见并不统一，认识情态词“可能$_{EPI}$”“应该$_{EPI}$”以及动力情态词的分类则不存在任何争议。分类上的难以定性与“会$_{EPI}$”的特殊性质有关，从语义内涵上来看，能够表达对当前或未来事件可能性推断的“会$_{EPI}$”与认识情态更为接近，但从句法特点上来看，“可能$_{EPI}$”允许主语不进行提升，而“会$_{EPI}$”则不允许从句主语留在原位：

(17) a. 可能他明天来。/可能张三要出席。

b. *会他明天来。/*会张三要出席。

林宗宏（2012）将“可能$_{EPI}$”与“会$_{EPI}$”在主语移位强制性要求上的

差异解释为：两类提升动词在词库中选择空主语的能力不同，“可能$_{EPI}$”能够选择一个空主语 e，以满足扩展投射原则（Extended Projection Principle，下文简称为 EPP），而“会$_{EPI}$”不能选择空主语 e，因此，从句主语必须进行提升。首先，这种分析要建立在“可能$_{EPI}$”与“会$_{EPI}$”存在词库属性差异，即一个携带 EPP 特征，一个不携带 EPP 特征，这一假设成立的基础之上，需要另外证明；其次，汉语中是否有强制驱动位移的 EPP，仍然是一个存在争议的问题。因此，林宗宏的理论有待商榷。

胡波（2016）将“会$_{EPI}$”与“可能$_{EPI}$”引导的情态句结构归为两类：强制提升结构与非强制提升结构，前者属于真正的移位结构，严格遵循孤岛条件限制，一旦违背则句子不合法，而非强制提升结构中，句子成分并未发生真正的移位，只是在相关位置上存在一个空代名词，以便满足广义控制规则[①]的要求。

总体来讲，上述分析均存在一个弊端，那就是在“会”鲜明地体现出与控制动词更接近的句法结构的情形下，通过追加额外的分类标准，来解释将“会”分在认识情态类目下的合理性，违反了理论的经济性原则。

此外，控制动词通常被认为是二元及物动词，但这种总述性质的分析并不能准确地解释根情态词不同的论元结构。比如同样作为道义情态词，“需要$_{DEO}$”能指派两个论元（“A 需要 B+VP”），而“应该$_{DEO}$”（“A 应该+VP”）只能指派一个论元，MAV 没有很好地解释这两类结构的区别，以及在这些结构的底层形式中，名词移位的具体过程。

接下来我们将介绍另一种分析方案——“制图理论法”（即“制图法”），并比较两种方案在分析情态句语法现象以及预测情态句中各成分相对位置时，各自有哪些优势及不足之处。

1.3.2 制图理论法

制图理论法区别于动词法的核心观点是：情态词与其他功能语类一样，有着不同的基础位置，并且基于句法语义特征差异，将不同的情态词列在不同的功能投射域上。情态词本质是功能语中心语，而非主语动词。

① 广义控制规则（Generalized Control Rule，Huang，1984）：一个空代词要与最近的先行语同指。

（Cinque，1999；Butler，2003；蔡维天，2010；Huang，2009）

从句法运作的结果来看，这一假设则意味着认识情态词与句子其他成分结合的过程为外合并（external merge）。因此，这种方案又称作“外合并分析法（Hsu，2019）”。

情态词的层级序列是制图法的重要理论成果之一，我们将相关学者关于层级序列的假设整理如下（相关术语已统一）：

（18）辛奎（1999）：

认识必然＞认识可能＞动力情态（决断，volition）＞道义必然（义务，obligation）＞道义可能（允准，permission）/动力情态（能力，ability）

（19）巴特勒（2003）：

认识必然＞否定词＞认识可能＞（强）主语＞根必然＞否定词＞根可能＞*v*P

（20）黄小柚（2009）：

外话题主语＞认识必然＞认识可能＞内话题主语＞时制＞时制主语＞将来时制/道义必然＞道义允许＞动力情态＞*v*P

（21）蔡维天（2010）：

认识副词＞认识助动词＞外主语＞将来时制＞道义副词＞道义助动词＞内主语＞动力助动词

总体来讲，上述分层方法都统一认为认识情态词位于TP（FinP）以上，而根情态词位于TP（FinP）以下，但仍在否定词的位置、情态词短语构造、动力情态的位置以及情态强度分级独立等理论细节部分存在差异。

关于主句主语的语法性质，蔡维天（2010）提到，情态句中存在话题化操作，句首主语宜分析为话题而非主语：

（22）a. 应该/可能每个人都喜欢那本书。

b. 每个人应该/可能都喜欢那本书。

（23）a. 应该/可能很少人喜欢那本书。

b. *很少人应该/可能喜欢那本书。

上述句子说明，情态句句首位置对量化性名词词组的极性敏感。而量化性名词词组可以比较自由地充当主语，但允准被话题化的能力不同：

(24) a. 每个人啊，都会喜欢那本书。

b. *很少人啊，都会喜欢那本书。

因此，情态句句首主语与典型的话题化主语存在共通的限制条件，可以将这种在认识情态词左缘出现的主语分析为话题成分。

1.3.3 理论比较

我们可以从两种理论对于句子中不同成分位置以及与情态词共现时的先后语序的预测，来比较哪种理论更准确、更经济。

一、主语/情态词的相对位置

认识情态词与根情态词都允许“主语首位（subject-initial）”结构，且在根情态句中，主语首位结构是无标记（unmarked）结构，“情态词首位（modal-initial）”则是有标记结构。

根据“动词分析法”，所有移位都发生在TP（CP）及以下的位置，移位的动因可能是格指派或者特征核查的需要。“情态词首位”结构中，主语移位是非强制性的，而“主语首位”的结构则是强制主语进行移位的。因此，“动词法”需要对哪些“主语首位”结构中主语强制进行提升这一特殊操作做出解释。

根据制图法，根情态句的结构可以通过基础序列来预测，由于认识情态基础生成位置高于时制主语，“主语首位”的认识情态句中的主语一定要移位至句子左缘才形成线性语序，汉语属于话题优先性语言（Li，1976），移位的动因可以统一解释为话题化[①]（topicalization）。而“情态词

① “动词法”也同样承认句首主语可能为话题化结构，如周昭廷（Chou C T，2013）基于C-T特征继承理论（C-to-T feature Inheritance Hypothesis），将情态句中的名词短语分析为携带一个未赋值的［-Topic］或格特征的探针（probe），移位至能够成分统制一个可以充当目标（goal）的成分的位置（即［Spec TP］）上，进行一致（Agree）匹配。

首位”的认识情态句，需要情态词出于某种动因移位至左缘才能形成线性语序，移位的动因可能是焦点化操作。因此，制图法需要对“情态词首位”的根情态句中根情态词发生的移位做出额外解释。

此外，情态句的形式句法学研究将各类句式之间的语序差异分析为名词性成分进行不同位移操作的结果，主语与情态词的相对位置关系体现了情态词的辖域特性（scope behaviour）。皮卡洛（Picallo，1990），布伦南（Brennan，1997）指出，认识情态要占据主语宽域，而根情态要占据主语窄域，这种不同的辖域特性也成为情态词内部分类的依据之一。

二、与时体标记的搭配

根据“动词分析法”，时体标记可以检测补足语从句的限定性，从而成为提升/控制结构划分的判定依据。情态词能够携带限定性从句为补足语，还是携带非限定性从句，是由情态词的次范畴化特征所决定的。这种分析能够比较好地勾勒出认识情态与根情态次范畴化上的差异。

根据制图法，情态词能够与哪些时体标记共现，以及共现时的辖域关系问题，可以通过句法层级序列来预测，如“$了_2$”＞“认识”＞“$了_1$”。同时，在根情态与动力情态这两类低于TP层级的成分的讨论上，相较于动词分析法不那么明确。

三、与否定词的互动

由于“动词法”将情态动词分析为动词，因此，能够成功预测出“否定词＋道义情态动词”的合法结构，但同时也会预测出“否定词＋认识情态”的不合法结构（*不应该EPI）。

制图法通过层级序列的划分，可以较为准确地预测认识情态、否定词与根情态的相对位置关系：认识情态＞否定词＞根情态。但在否定词的具体位置以及是否需要预设高否定词节点的问题上，理论内部尚未有统一的结论。

四、多个情态词共现

根据动词法，认识情态与根情态的本质都是动词，因此，竞争同一个句法基础生成位置，对于汉语中大量出现的认识情态与根情态连用的复合情态结构（multiple-modal construal），则需要额外预设“认识＞道义＞动力”的语序限制才能解释，相当于仍然需要借鉴制图法的分析思路。

制图法以层级理论为核心，在预测多个情态词共现时不同类别情态词的先后顺序上有着较高的准确度。在强度梯级分层序列的问题上（即“情态必然>情态可能”），理论内部未有统一的结论。

在情态副词与情态动词的相对位置关系上，蔡维天（2010）将情态副词和情态助动词分别分析为一个情态词短语的指示语（Spec）成分和中心语成分。根据语言事实来看，道义情态副词通常只能与道义情态助动词或动力情态助动词连用，但认识情态副词却能与所有类别的情态助动词连用（徐晶凝，2020）。因此，我们认同“情态副词>情态助动词”的基本序列，但对于将特定类型的情态副词限定在特定类型的情态词短语中的分析持保留意见。

五、焦点情态句

焦点情态句指的是在句中出现情态词的情况下，情态词出现在焦点成分前，并对焦点化辖域起到语义限定作用的句子。

许又尹（Hsu，2019）基于“动词法”理论，将出现在主语前的道义情态词分析为情态词的焦点算子用法。这个分析存在两个问题，一个是汉语当中的典型焦点算子通常是副词（如“都”“也”“才”“只”等），而很少有实义动词被分析为具有焦点算子的用法。另一个则是不能解释焦点情态句句首出现另一个情态词的情况，理论上不允许两个焦点算子连用，因为这样会出现“＊Foc>Foc”不合法结构，但实际中这类句子可以被接受：

（25）可能$_{EPI}$应该$_{DEO}$张三值日。

制图法规避了对于情态词词类硬性判断带来的问题，但在情态词与其他焦点成分的互动上，特别是焦点标记“是”与存现标记“有”的关系上，仍有较多尚未挖掘的空间。这也是本书将重点讨论的部分。

1.4 本书研究方向

本书在封闭类情态系统研究的大框架下，基于帕默（1979）的情态分类模型、科茨（2003）的认识/根情态二分理论，以及范·德·奥维拉等人（van der Auwera et al.，1998）、李明（2001）、巫雪如（2012）、范晓蕾（2020）关于“条件情态”的论述，对汉语情态体系提出了新的分类方案。本书参考形式句法分析的情态词提升/控制的二元结构对立论（黄正德，1988；曹逢甫，2005；林若望等，1995；林宗宏，2011），以及功能中心说的句法层级体系（Butler，2003；蔡维天，2010），对情态词的“句法层级性”进行补充性描写与系统化分析。

1.4.1 研究范围

本书对情态系统的分类拟定如表1-5所示，并与帕默（1986）、范·德·奥维拉等人（1998）、李明（2001）、科茨（2003）、巫雪如（2012）、范晓蕾（2020）的情态词（助动词）类型体系进行对照：

表1-5 本书的汉语情态动词类型体系

<table>
<tr><th>本书情态类型</th><th>帕默（1986）</th><th>范·德·奥维拉等人（1998）</th><th colspan="2">李明（2001）①</th><th>科茨（2003）</th><th>巫雪如（2012）</th><th>范晓蕾（2020）</th></tr>
<tr><td>认识</td><td>认识</td><td>认识</td><td>认识</td><td>条件$_{认识}$</td><td>认识</td><td>认识</td><td>认识</td></tr>
<tr><td>道义</td><td rowspan="2">道义</td><td>道义</td><td>道义</td><td>条件$_{道义}$</td><td rowspan="3">根情态</td><td>道义</td><td rowspan="2">评判</td></tr>
<tr><td>条件</td><td>参与者外在可能/必然</td><td colspan="2" rowspan="2">N/A</td><td>条件</td></tr>
<tr><td>动力</td><td>动力</td><td>参与者内在可能/必然</td><td>动力</td><td>潜力</td></tr>
</table>

从概念对应上来看，帕默（1986）使用“条件（中立）情态”的概念来安置两种情态词的非典型语义用法，第一种是 *can* 所表达的与主语能力无关的动力情态用法，第二种是 *must* 所表达的非说话者指向的道义情态用法，分别为动力情态与道义情态的次类。科茨（2003）则将上述用法统

① 李明（2001）的情态分类体系中还包含一个“估价类”，如“宜”“堪”“值得”“配”等，本书将这类动词理解为“真谓宾动词”，不在情态系统讨论范围之内，故表格中略去。

摄于“根情态”的概念下。范·德·奥维拉等人（1998）使用“参与者外在可能”来统称“道义许可/必然”与“参与者外在可能/必然”。

本书提到的“条件情态”，其内涵与外延更为接近范·德·奥维拉等人（1998）提到的“参与者外在可能/必然”。本书参考这一操作，使用“外在情态”来统称“条件情态”与“真道义情态”。

本书基于上述范围，根据情态动词、副词与情态助动词的语法特征的区别性标准（朱德熙，1982；孙德金，1997；汤廷池等，1997；郭锐，2002；谢佳玲，2004；彭利贞，2007；徐晶凝，2008），按照认识/道义/条件/动力四分法，对文章的研究对象限定如下：

（26）研究对象：

1. 认识：可能$_{EPI}$、应该$_{EPI}$

2. 条件：可能$_{CIR}$、会$_{CIR}$、能$_{CIR}$、可以$_{CIR}$

3. 道义：应该$_{DEO}$、该$_{DEO}$、可以$_{DEO}$、能$_{DEO}$、要$_{DEO}$、得［děi］

4. 动力：敢、肯、要$_{DYN}$、能（够）、愿意、可以$_{DYN}$

其中，条件情态与道义情态统称为外部情态。外部情态与动力情态共同组成根情态。

1.4.2 研究问题

本书重点关注情态词研究中涉及分类标准以及句法操作的理论问题，具体如下：

一、现有的情态词二分/三分方案有哪些难以解决的问题？比如关于一些多义情态词（会、可能）特殊义项的判定，以及体现出认识情态—道义情态过渡/交叉性质的情态词，这些成员该如何处理？

二、两种情态句分析方案中，制图法相较于动词法有哪些理论优势？又有哪些需要完善的部分？

将上述问题加以结合，则得出一个新问题：

三、包含条件情态在内的汉语情态词新分类体系是否在句法层次上有着一致对应？即制图法的情态词三层划分如何与句法层级建立联系？

关于第一个问题，本书试图拟定一个包含“条件情态”在内的情态分类新体系，与其他根情态区分开来。同时本书将通常分析为认识情态的部分情态词的条件情态用法，与典型的认识情态用法进行区分。具体而言，“会”“可能”“可以”“要”的条件可能用法，与认识情态、道义情态的用法存在一定交叉，同中有异，又与未来时制标记用法存在差别，因此，应当具有独立的语法地位，予以具体分析。

关于第二、第三个问题，本书将在综合借鉴两种分析方案的基础上，结合乌姆布兰德等人（Wurmbrand et al.，2020）关于限定性层级序列，以及黄正德（2022）关于动词补足语句法特征的讨论，对汉语情态词补足语的限定性特征进行分析，从而划分出三类情态动词。

1.4.3 理论假设

本书在前人“句法层级理论”的基础上，对关于 ModalP 最大映射的详细结构进行深入分析，并舍弃高位否定词节点的预设，以及基于情态强度梯级蕴涵的“必要”＞“可能”的预设，同时将讨论范围扩大到焦点情态句的范畴。

汉语情态句至少包含一个情态词短语的最大映射 ModalP，中心语记作情态词$_{\text{MODAL}}$，可以为显形或隐性。ECM（exceptional case-marking，额外格赋予）类根情态动词、事实确然$_{\text{BE}}$、道义确然性$_{\text{SHALL}}$可以充当显形中心语。认识情态词短语位于标句层，道义情态词短语位于屈折层。

中心语部分，认识情态表达了说话人对于命题的观点或态度，包含对于命题表达事件的可能性的主观判断，是对事实确然性（BE）的强度修饰，因此，情态强度有渐变层级（梯度差异）。

道义情态表达了说话人对于命题的道义状态的评价，是对于命题表达事件能够实现的道义可能世界的条件的描述，带有一种道义确然性（SHALL），情态强度只有两极差异。

指示语部分，指示语可以由认识情态与根情态充当，语义不冲突的情况下允许多个指示语嵌套。补足语为时制短语或轻动词短语，即有完整论元结构的成分。

主语部分，完整的情态词短语至少包含一个内主语，可以通过话题化提升成为主句主语。

情态副词不能充当情态动词短语中心语，句法层级分布上，认识情态副词整体高于道义情态副词，体现为：认识情态副词涵盖句子副词与 VP 副词，而道义情态词为 VP 副词（徐晶凝，2008）：

表 1-6 认识/道义情态副词分类体系（徐晶凝，2008）①

		句子副词	VP 副词
认识情态副词	揣测类	大半、大多、多半、大约、大概、大抵、或许、（只）怕是、恐怕、似乎、兴许、也许	
	推断类		一定、肯定、必定、必将、势必、想必、必然、定然、准保、没准、未必
	估测类		未免、不免、难免、不至于
道义情态副词			必须、不必、务必、姑且、不妨、何妨、千万、最好、索性、还是

句子标句层上有一个高位情态词短语 $\text{ModalP}^{\text{EPI}}$，以命题标记助动词"是$_{\text{BE}}$"为中心语，认识情态动词为修饰语，CP 为补足语。TP 以下的屈折层有一个低位情态词短语 $\text{ModalP}^{\text{DEO}}$，以施事引介助动词"由$_{\text{SHALL}}$"为中心语，认识情态动词为修饰语，以 VP 为补足语。

本书将情态词句法层级序列初步拟定如下：

（27）汉语情态词的层级序列（1.0）：

认识情态＞条件情态＞$_{\text{BE}}$＞时制＞否定词＞道义情态＞$_{\text{SHALL}}$＞vP＞动力情态

① 除了认识/道义两类情态副词外，徐晶凝（2008）还提到了评价情态副词与加强情态副词，前者位于最高位置，后者位于最低位置。

关于汉语情态词句法层级序列的理论启示可以概括如下：汉语情态词存在一个“高—中—低”的层级序列，主要与情态动词补足语的句法范畴有关，高位情态动词能够携带 CP 为补足语，低位情态动词携带 *v*P，根据最简方案，CP 语段要晚于 *v*P 语段进行拼读，因此，在线性句子中，总是预测高位情态词>低位情态词的语序。情态副词作为附加语，能够较为灵活地出现在不同句法位置上，但整体上看，依然有句首副词－句中副词的分界。

本书将分别从情态系统分类与句法分析的角度，围绕着本书的研究问题进行深入探讨。其中，第二章将重点探讨“条件情态”的概念以及句法语义特征，并论证独立分类的合理性；第三章至第六章将分别从情态词补语、否定词、主语与论元结构、焦点结构的角度，继续构建基于增加新分类后的情态词句法图谱。

第二章　条件情态与新分类体系

“条件（circumstantial）情态”[①] 表达的是在客观条件下的可能性或必然性，其语义来源为“能性（ability）”（Coates，1983；Bybee，1994；李明，2016）。情态系统的“认识/道义/动力”三类划分已得到学界广泛认可，但关于“条件情态”的论述则相对较少。

本书之所以明确提出“条件情态”的概念，原因在于汉语情态系统中存在一类体现“认识情态－根情态”临界性质的情态词，因此，需要对现有的分类系统进行重新审视。从三分的角度来看，“条件情态”有着与“认识情态”“道义情态”“动力情态”平行的地位；从二分的角度来看，“条件情态”则属于“根情态”/“非认识情态”的下位概念。

从语义的历时演变路径来看，条件情态体现一定的“中间性”“过渡性”，是由于条件情态处在“能性”地图语法化进程的中间阶段，具有条件情态用法的情态词通常处在情态词多义连续统上，常常兼具认识情态或道义情态的用法。

同时，条件情态又体现有别于其他根情态的独立性，本书将运用多重句法测试来验证这一观点。

2.1　条件情态的概念与基本内涵

“条件情态”的相关线索最早见于帕默（1974）关于情态分类体系的

① 为了避免同“条件-假设句”的“条件（condition）”造成概念混同，本书选择用 circumstantial 作为“条件情态”中“条件”的英译。

论述，属于动力情态的一个子类，即与客观条件有关的“中立可能（neutral possibility）”，目的在于跟与主语内在能力有关的“主语指向型（subject-oriented）情态”形成区分：

（1） a. 中立可能：

Hard work can cure depression.

Depression can be cured by hard work.

b. 主语指向：

They can speak French.

* *French can be spoken by them.*

She can waste money.

* *Money can be wasted by her.*

帕默指出这两种动力情态在“主语能否被动化”上形成对立，但并未将“中立可能”从动力情态中独立出来，成为与“认识/道义/动力”平行的一个类别。

科茨（1983）提出了情态词“中心-边缘”的范畴连续统，在这个连续统中，“能力义（ability）”被认为是根情态范畴的核心义，“可能义（possibility）”则是延伸出来的边缘义。范·德·奥维拉等人（1998）根据“参与者”的地位，将非认识情态可能分为“参与者内在（participant-internal）可能”与“参与者外在（participant-external）可能”，并对于“可能性”的语义地图进行了详尽描写：

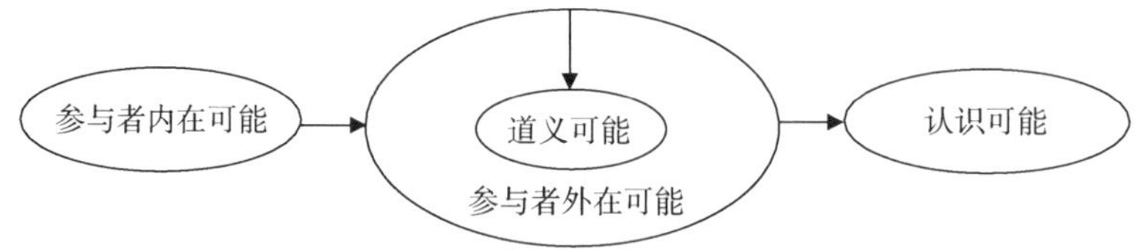

图 2-1 “可能性”语义地图（范·德·奥维拉等人，1998）

“内在可能”指的是内化于主语内部的属性和能力，“外在可能”则是独立于主语的外在环境下的客观条件。“外在可能”由“内在可能”发展而来，从“外在可能”到“道义可能”的演变，机制在于语义的“收窄”

或“专业化”，即从未限定条件收窄到限定符合道义或其他规范的条件。

克拉策（1991）在论述模态基要素时，也将条件与认识两种背景进行对举，其中，can 的环境背景解读更贴近动力情态的“条件可能”解读，而非“主语能力”解读。

（2）a. 条件：*Hydrangeas can grow here.*（对应“能”）

b. 认知：*There might be hydrangeas growing here.*（对应句首“可能有”）

拉登等人（Radden et al.，2007）也将动力情态分为内在和意愿，分别强调客观条件与主观意愿：

（3）a. 内在条件：*The meeting can be cancelled.*

b. 主观意愿：*You can drive.*

在汉语研究界，王力（1990）在分析“得”字时，最早提到了“表示客观条件的可能”的用法。朱冠明（2005）将现代汉语中的动力情态分为“中性条件”和“主语能力”两类，与帕默（1974）的相关论述较为接近。李明（2017）提出了“条件类助动词”的概念，与“认识类助动词”和“道义类助动词”有所交叉，与前者交叉时，表示“客观条件下的可能性”，与后者交叉时，表示“客观条件许可或必要”，典型代表有：

（4）a. “条件（认识）类”：可、能、得［dé］

b. “条件（道义）类”：要、用、须（及其对应的否定形式）

如何将存在交叉集合属性的“条件类助动词”与另外两个独立类别中的典型成员进行区分？李明（2016）谈到了一些语义上的甄别标准，比如“认识类”不能作被动阐释，而“条件（认识）类”可以有被动解读；“道义类”可以用于祈使句，可以用于下命令，而“条件（道义）类”则不能用于下命令。

此外，李明（2017）基于对情态词历史语义功能变化的考察，构拟出由“条件情态→认识可能”“条件情态→道义许可”“条件情态→估价、条件必要→道义必要”“条件必要→认识必然”的数条情态词语义演变路径，这一发现不仅展示了“条件类”情态词在汉语情态词系统的形成中的重要地位，更揭示了“条件类”情态词与由此发展而来的各类情态词往往在语义上界限模糊的成因。

巫雪如（2012）从语义角度分析了认识可能与条件可能的区别。认识情态表达的语义功能是命题本身是否“为真”的可能性判断，有程度上的区分（如“很可能”）；条件情态表达的是客观条件下命题能否“成真”的可能性判断，只有两极的区分（如“可＋动词”/“不可＋动词”）。

范晓蕾（2020）基于汉语方言语料，将情态系统分为三类：认识情态、评价情态和潜力情态。其中，评价情态与经典分类中的道义情态概念大致重合，而潜力情态既包含了动力情态，同时也将经典研究中归类为认识情态的“会”，以及归类为道义情态的“可以”纳入该类别下。在该框架中，“条件类”（包含“条件可能”与“条件必然”）成为“潜力情态”的一个子类，与“能力类”平行。三类情态义的基本语义特征如下：

（5）a. 认识情态：命题［＋话题，＋主语，＋时体］
　　b. 评价情态：事件［－话题，＋主语，±时体］
　　c. 潜力情态：动作［－话题，－主语，－时体］

其中，“话题”指的是全句句首话题性成分，相当于句法学概念上的“外主语”，“主语”指核心VP指谓事件的主语，对应“内主语”的概念，“时体”为时体标记。只有评价情态能够为其后的成分赋予焦点，该成分可以是主语或者事件发生的时间、地点或实现的手段。如果事件主语不是焦点，则不能出现在情态词后面：

（6）a. 晚上九点之前你必须离开。
　　b. *晚上九点之前必须是你离开。
　　c. 你必须晚上九点之前离开。

上述前人分析都往情态体系内引入了“条件情态”的概念，但是仍欠缺系统化、形式化的句法分析，因此，不能很好地说明条件情态与其他类型情态词的异同特点。本书认为，条件情态在语义的释读上的确体现出一定的“中间性”，这是由相同（相似）的语义演变进程所决定的。然而，在句法地位上，条件情态体现出有别于其他根情态的独立性，可以通过句法测试来验证。下面两节将从语义历时演变的角度，探究条件情态在语义发展过程中与其他情态词不同的地位，进而根据现代汉语中情态词的特殊用法，展示条件情态在句法上的差异性特征。

2.2 条件情态的语义演变

情态词在共时层面的多义性，与其在历时语法化进程中参与不同路径或是正在经历不同阶段有关。而条件情态体现的“中间性”与“过渡性”，正是“能性”家族成员处在语义演变中间阶段的结果。

2.2.1 情态词语义发展的普遍规律

跨语言研究表明，情态义的源头通常是表实义的一般动词，在此基础上随着主观化逐渐增加以及情态语义辖域逐渐扩大，先发展出根可能性的用法，再发展出认识情态义和道义情态义。（Traugott，1989；Sweeter，1990；van der Auwera et al.，1998；Bybee et al.，1994）

（7）拜比（Bybee，1994）源于“能性”的情态义演变路径：

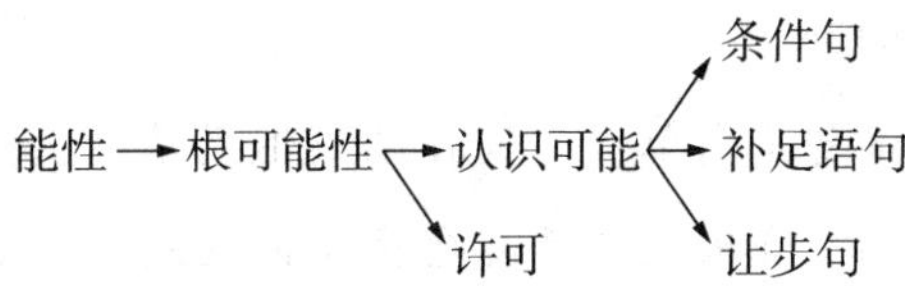

特劳戈特（Traugott，2002）总结了存在“道义－认识”多义情态词语言中情态词语法化的四则规律：

(8)（ⅰ）道义＞认识，反之不成立

（ⅱ）窄域＞宽域，反之不成立

（ⅲ）能性＞根可能性/必然性＞认识，反之不成立

（ⅳ）主观化随着层级提升

第（ⅰ）条规律是“语法化单向性假设”在情态动词语义发展中的体现（Traugott，2006）。

现代汉语常用的认识情态动词，其语法演变历程与英语语言中观察到的现象类似：主要以实义动词为来源，通过“转喻、推论等机制”（朱冠明，2003），最先演变出根情态义的变化，再在此基础上发展出类似副词性用法的认识情态义。

在具体的语法化路径上，汉语的历时演变体现出“能性”和“约量”两条语法化路径，而处于现代汉语多义连续统的情态词通常是经由前者发展而来的。

2.2.1.1　“能性”与条件可能

石毓智与李讷（2001）指出现代汉语中存在“实词＞弱义务性情态动词＞或然性认识情态动词”这样一条语法化路径，特定的句法结构和语义相宜性是实现语法化进程的两个必要条件。巫雪如（2014）通过考察上古至中古汉语中“当”的语义发展，指出“当”的未来时语义是由与空间义有关的“面对”义动词发展而来的，因此，可以不必经过情态语义的阶段，对语法化单向性假设提出了一定的挑战。同时，巫雪如也提到了“当”其他情态义用法的语法化路径，总体来说，还是基本遵循“道义＞认识”的普遍规律的。

音节组合上，最初是由单音节词在动词本义基础上发展出情态义，然后随着双音节化运动演变出双音节复合情态词的用法。如夏赛辉与张文忠（2010）指出，始见于中古汉语文献中的“应当”和早期现代汉语中才开始使用的“应该”，是由单音节弱义务性情态动词“应”“该”“当”经汉语双音化趋势的推动而形成的。

（9）古代汉语中的单音节情态词连用组合（李明，2016）

a.［助动词-助动词］：足可、应须、合当、须要等

b.［副词-助动词］：诚可、必将、信能、其果等

依据词汇化理论，两个语义相近的情态词较为频繁地出现在连用的组合当中，容易发生词汇化，形成双音节情态词（董秀芳，2002）。

情态词的多义性特征在历时演变中也有所体现。朱冠明（2003）考察了《摩诃僧祇律》中的单音节情态动词的语义类型，发现“应”“能”“可”“必”“要”等用于构成现代汉语多义情态词语素，在历史演变进程中呈现了“认识情态-根情态”的语义过渡性：

表 2-1　《摩诃僧祇律》中单音节情态动词语义类型表（朱冠明，2003）

类型	可能性							盖然性			必然性		
	能	可	得	堪	容	中	足	应	当	宜	必	须	要
动力	+	+	+	+	+	+	+				+	+	+
道义	+	+	+		+		+	+	+	+	+	+	+
认识	+				+			+	+	+	+	+	

现代汉语中，“应”“能”“可”“必”“要”已广泛用作双音节情态词的构成语素，依据另外一个构词语素的不同，呈现出多义性来。

这类多义情态词通常只能由“能性”家族成员来充当。朱冠明（2003）描绘了“能力”[①] 的能性语义地图：“能”的本义指的是传说中一种像熊的动物，通过转喻、推论等机制逐步演变出情态义来。

（10）能（动物）→能（人）→身体能力→综合能力→中性可能→认识可能

　　　　　　　　　　　↘心理能力　　　　　↘道义许可

“能”在从本义到情态义的演变路径中，先发展出动力情态义，然后

① 此处“能力”指的是完成某一动作所需的内在条件，包含心智能力和生理能力，即与拜比（1994）所说的“能性”概念基本等同。

才有道义情态义和认识情态义。

巫雪如（2012）指出："可""能"等先秦汉语情态动词，始终未能发展出类似现代汉语中认识情态词的提升动词用法，应当还在语义演变的中间阶段，这个中间阶段表达的就是"条件可能"义。

2.2.1.2 "约量"与认识可能

古代汉语中常用于句首的认识情态（"盖""其""意者""得无"等[①]），在现代汉语中已不再使用，语法环境、使用频率、语体制约都可能构成影响其语法化进程的因素[②]。（谷峰，2010；巫雪如，2012）如：能否与其他单音节情态词组合使用、能否与否定词（"不""非""未""无"）连用等，这些都会对结构的能产性造成影响。

现代汉语中常用的认识副词，则经历了"约量>认识可能"这一条语法化路径（董正存，2020），许多表示"盖然义"的认识副词，如"多半""大半""大概""十有八九"，都是由约量表达发展而来的。

"多半"从唐代开始出现连用用法，表达约量，义为"大多数"，前边是名词性成分，构成回指，后边是动词短语，形成广义量词用法：

(11) 两鬓萧萧、多半已成丝。（王之望《丑奴儿·寄齐尧佐》）

(12) 蜀兵多半落于水中，余众奔逃无路。（《三国演义》）

这种句法环境和相对位置为发展出认识情态用法提供了基础。

"多半"前名词性成分NP的内部语义结构也是影响认识情态语义演变进程的重要因素，具体表现为：当表达约量时，"多半"指称对象明确，即回指其前边具有复数意义的NP；当表达认识可能时，前边的NP可以具有单数意义。语义指向也经历了"左向→右向"的变化，从指向前边的

① 先秦汉语中常见的认识可能情态副词有（转引自谷峰，2010）其、将、且、殆、庶、庶几、意、意者、或者、其诸、得无（得毋）、无乃（毋乃）、盖等，这些副词表达了说话者主观上对于命题内容真值的判断，通常用现代汉语中的"大概""也许""莫非"来注解。

② 根据特劳戈特（2002）的情态词语法化规律，主观化由低到高是影响情态词语义变化的重要因素。古代汉语认识情态在演变中逐渐消失，可能是因为其主观化程度及语义辖域原本就处于比较高的地位，而在与由道义情态义发展而来的双音节符合认识情态词的竞争中逐渐落于下位，使用频率降低，最终用法彻底消失。

NP，到指向后边的VP。现代汉语中，“多半”基本只用于修饰VP：

(13) 他多半是不肯来了。

“概”可表全称量化，意思是“一概、一律”：

(14) 余以所闻由、光义至高，其文辞不少概见，何哉？（《史记·伯夷列传》）

伴随着汉语双音节化运动，“概”发展出认识可能义，可以出现在句首位置：

(15) 大概光风霁月之时少，阴雨晦暝之时多。（《大宋宣和遗事》）

汉语的约量范畴与认识可能的情态范畴之间存在着语义衍生规律，量化表达成分通常比较主观化和情态化，因此，容易发展出情态用法（董正存，2020）。

2.2.1.3　小结

古代汉语中的道义情态词是由实词发展得来，再在一定条件下发展出认识情态义，随着双音节化运动演变成现代汉语中常用的道义情态词。

现代汉语中常见的双音节认识情态词（“可”“能”“应”“必”类词），基本是在道义情态义或动力情态义的基础上发展而来的。

现代汉语中的部分认识可能副词，是从表约量的名词回指成分发展而来的，与常用的情态动词遵循了截然不同的语法化路径。而古代汉语中常用于句首、无否定形式的认识情态词，在现代汉语中已不见使用。

依据前人研究成果，我们将汉语情态词历时演变规律总结如下：

(16) 汉语情态词的历时演变规律：

（Ⅰ）能力$_{动词}$⇒能性$_{助动词}$⇒根可能性$_{助动词}$⇒认识可能性$_{助动词}$

（Ⅱ）认识$_{副词}$⇒（脱落）

（Ⅲ）约量$_{副词}$⇒认识可能$_{副词}$

条件情态只存在于符合规律（Ⅰ）描述的语法化路径中，如多义情态词“能”“会”，关于其情态类型的划分向来莫衷一是。这两个词在汉语历时演变过程中，均在不同时期发展出了“条件情态”的用法。句法研究方面，曹逢甫（2005）提到：“会”是一个未发展完全的认识情态助词，历史上来源于表动力情态义的“会$_{DYN}$”，在演变过程中仍然保留了对有生主句主语的要求。黄正德（2009）采用制图法分析情态系统，也将表示将来的“会”列为独立于认识情态与根情态以外的第三类别。这些说明，“会”的“中间性质”在历时演变与共时语法分析中，均逐渐凸显出来。

2.3 条件情态的句法语义特征

本书对“条件”的定义是：包含主语外部以及主语内部的环境因素构成的事件实现的可能性或必然性，条件情态以下角标“$_{CIR}$”标注。

本书将“条件情态”分为“狭义条件情态”和“广义条件情态”。“狭义条件情态”包含了通常被认为是认识必然的“会”的条件情态用法、被认为是认识可能的“可能”的条件情态用法；“广义条件情态”除了狭义条件情态外，还包含通常被认为是“道义可能”的“条件允许”（“可”“能”）。

哈卡尔（Hacquard，2006）将情态词分成认识情态、真道义情态和根情态。其中，真道义情态又称“ought-to-be”情态，同时与说话者和听话者有关，具有一定的施为义。其他道义情态称作‘ought-to-do’情态，具有能力义而无施为义[①]。本书将“道义情态”与“条件情态”区分开来，则与哈卡尔提到的“真道义情态”内涵更为接近，（真）道义情态、条件情态、动力情态共同组成根情态。

① 英语中具有施为义的情态助动词的典型例子是 must。

2.3.1 汉语中的条件情态动词

正如前文所说，本书给出了“条件（circumstance）”的定义条件情态以下角标“$_{CIR}$”标注。

2.3.1.1 条件可能“会$_{CIR}$”

“会”通常被分析为认识可能（Tiee，1985）或认识盖然（彭利贞，2007），而“会”的强制提升问题一直未有令人满意的解决方案。条件情态用法并不等同于将来时标记用法，能够表达对未来事件推测的“会”对应的英文词是*will*或*may*。帕默（1979）认为*will*和*may*体现出认识情态的用法，可以表达对当前事件或未来事件的推断。科姆里（Comrie，1985）则认为*will*的将来时标记用法与典型的认识情态动词存在差别。

蔡维天（2019）运用外静态述语结构并置测试，区分出不同层级的“会”来：

（17）“大概$_{EPI}$”＞未然“会$_{EPI}$”＞未来“会$_{FUT}$”＞性向“会$_{DEO}$”

每个层级的“会”均可充当隐性中心语，即可以在句中省略而不改变合法性。其中，性向模态“会”可以修饰已然事件，未然义“会”与未来义“会”均表示未来语气。

里奇（Rizzi，1997）认为汉语中用作将来时标记的“会$_{FUT}$”实际上与道义情态竞争同一个句法位置，即I/T附近的位置。综合来看，“会$_{FUT}$”的位置要高于动力情态“会$_{DYN}$”，但低于经典分析中的认识情态“会$_{EPI}$”。

范晓蕾（2016）提到表惯常义的条件情态“会$_{条件}$”[①]虽然蕴含将来时的语义，但这是由于条件情态的内在要求决定的，因此“会$_{条件}$”需要与表达将来时制的“会$_{将来}$”区分开：

（18）北方的河冬天会$_{条件}$结冰。

（19）小王一闻到烟味就会$_{条件}$打喷嚏。

① 范晓蕾（2020）认为，条件必然属于潜力情态，是惯常范畴的一个子类，惯常范畴是包含了情态与时体在内的复杂范畴，常见的惯常标记有“会”“要”“经常”。

（20）人会$_{条件}$/*要$_{将来}$（=*会$_{将来}$）生病。

句（18）、句（19）中，“会”后边VP指谓的事件可以是多频次发生的，包含了一定的“惯常”义。由于“会$_{条件}$”必然要求先行事件达成后，才出现相对于先行事件的将来事件，因此，“会$_{条件}$”具有“相对将来”的特征。反之，将来时制只能表达事件发生在一个固定的未来时空中，而不能用于揭示惯常义，因此，句（20）中将来时制的使用不合法。

“会$_{CIR}$”蕴含着内在的将来时制义，原因在于条件句中总是蕴含着“条件>结果”的先后顺序，作为结果的B对于作为条件的A来说总是存在于未来时态（范晓蕾，2016）。

“会$_{CIR}$”与“会$_{FUT}$”与时体标记“了$_{2}$”共现的能力不同：

（21）咱们老家以前干旱得很，如今到夏天也会$_{CIR}$发大水$*$（了）。

这孩子以前挺没礼貌的，但现在见着生人也学会$_{CIR}$问好$*$（了）。

（22）明年这个时候，他会$_{FUT}$出差去北京（$*$了）。

我明天会$_{FUT}$去市场买菜（$*$了）。

句（21）说明“会$_{CIR}$”能够与“了$_{2}$”共现，“了$_{2}$”辖域高于“会$_{CIR}$”，表示相较于之前的情形已有状态上的变化。句（22）说明“会$_{FUT}$”不能与“了$_{2}$”共现。

此外，“会$_{CIR}$”能改写成“×不×”格式，而“会$_{FUT}$”则不能。

（23）他会$_{CIR}$不会$_{CIR}$还没到？

“×不×”形式的“会$_{CIR}$”还可以提升到句首位置引导是非问句，形成焦点情态句的结构：

（24）会不会他已经到了？

“会$_{CIR}$”在时体成分搭配上较“会$_{FUT}$”的限制更少，例如：

（25）a. 加静态动词：

她会$_{CIR}$喜欢我的礼物吗？（送礼是过去事件）

b. 加状态动词“在”表示正在进行：

会$_{CIR}$是谁在敲门？/他会$_{CIR}$在家里吗？

c. 否定式加完成体表示揣测问：

你不会$_{CIR}$去过医院了吧？

“会$_{FUT}$”则无法进入上述结构。据此，笔者认为“会$_{CIR}$”的位置要高于“会$_{FUT}$”，大约相当于蔡维天（2019）所论述的未然“会$_{EPI}$”。

关于“会”的形式句法学分析，黄正德（1988）分析了两类不同的“会”：动力情态动词“会$_{DYN}$”是一个双元谓词，能够选择一个有生名词作主语，一个动词（词组）作补足语。认识情态动词“会$_{EPI}$”是一个单元谓词，以其后的主谓结构为宾语，但没有语义上的主语，主谓结构中的主语要提升到“会$_{EPI}$”前面的空主语位置，就形成了“这本书会涨价”的表层结构。曹逢甫（1990）、林若望等（1995）、林宗宏（2011）继续系统地分析了“会$_{EPI}$”字句中主语提升的动因以及限制，并对“会$_{EPI}$”的提升/控制分类做出了不同的判断。然而，到目前为止，形式句法尚未有比较完善的理论来解释“会$_{EPI}$”字句中主语的强制提升问题。这也是本书重新考虑“会”的情态类型划分的一个理论出发点。

此外，从补足语成分的角度出发，条件情态“会$_{CIR}$”与道义情态的句法位置更加接近，从方言中亦可寻得一些旁证。范晓蕾（2020）指出，东南方言中的“有”是一个认识情态词，主要功能为“存在可能标记”，能够标记 VP 事件发生或潜在发生，其否定式为“无”或“冇”：

（26）“有存在”在方言中的使用情况（范晓蕾，2020）①：

① 部分例句来自：

游汝杰．温州方言的“有字句”和过去时标志［M］//伍云姬．汉语方言共时和历时语法研讨论文集．广州：暨南大学出版社，1999：168-192.

郑敏惠．福州方言“有＋VP”句式的语义和语用功能［J］．福建师范大学学报（哲学社会科学版），2009（6）：92-98。

范晓蕾．汉语情态词的语义地图研究［M］．北京：商务印书馆，2020：197.

①过去：［福州］伊有去过香港。

他去过香港的。

②惯常：［晋江］阿发无去读册，不句伊带厝里有加减看淡薄册。

阿发没上过学，不过他在家里多少看点儿书。

③进行：［温州］火有在搭烧。

火在烧着呢。

④将来：a.［晋江］伊明日有卜出差。

他明天是要出差的。

b.［路桥］望样子明天有落雨。

看样子明天会下雨。

在东南方言中，“有存在”承担了“会”的多个语义功能：即“会$_{\mathrm{DYN}}$”“会$_{\mathrm{CIR}}$”“会$_{将来}$”的用法（转引自范晓蕾，2020）：

（27）“会$_{\mathrm{DYN}}$”：张明小提琴有拉嗰。

张明会拉小提琴的。

（28）“会$_{\mathrm{CIR}}$”：［路桥］a. 人越过，警报有响。

人从这里走过警报就会响。

［莲花］b. 零度以下水有结冰。

水在零度以下会结冰。

c. 人有得病。

人会得病。

（29）“会$_{将来}$”：［路桥］望样子明天有落雨。

看样子明天会下雨。

如果我们将普通话与东南方言参照来看，存在可能标记“有$_{存在}$”能够标记VP事件的发生或潜在发生，那么与其功能平行的“会”亦应具有相似的多个功能，即表示内在可能的“会$_{\mathrm{DYN}}$”，表示外在可能的“会$_{\mathrm{CIR}}$”，以及将来时标记“会$_{将来}$”，说明有必要将“会”的将来时用法与条件情态用法区分开来。

2.3.1.2　条件可能“可能$_{CIR}$”

“可能”在绝大部分的研究论著中都被分析为单义情态动词，即认识可能“可能$_{EPI}$”。本书认为“可能”有两种用法：认识情态用法“可能$_{EPI}$”与条件情态用法“可能$_{CIR}$”。原因在于，英语中，情态可能与情态必然的搭配总是不合法：

（30）a. * *He might must have been back to school.*

* ［认识可能助动词＋认识必然助动词］

b. * *He must possibly have been back to school.*

* ［认识必然助动词＋认识必然副词］

c. *He possibly must have been back to school.*

* ［认识可能助动词＋道义必然副词］

而汉语中认识必然副词“一定”与认识可能“会”搭配使用为合法结构“一定会”，即使将“会”理解为认识必然，则与认识可能动词“可能”的搭配也合法，这就违背了“*情态可能＋情态必然”的限制规则。因此，“会”应当与认识情态为两种情态类型。

认识情态用法“可能$_{EPI}$”与条件情态用法“可能$_{CIR}$”的区分标准如下：

标准一：“可能$_{CIR}$”通常能省略成“能”且不改变句子语义，“可能$_{EPI}$”不能省略为“能”。

两种“可能”在同一个从句内共现时，“可能$_{EPI}$”位置高于“可能$_{CIR}$”：

（31）市场普遍预期可能$_{EPI}$明年的一二季度才（可）能$_{CIR}$看到企业盈利的底部。

范晓蕾（2016）提出，能够与“能$_{DYN}$”进行语义等同替换的“可能”，应当分析“可能”的条件可能义，更趋近于动力情态词的用法，而区别于认识情态词，因此，“可能$_{CIR}$”能够省略为“能$_{CIR}$”。但笔者认为，“能$_{CIR}$”

在句法地位上要与“能$_{\text{DYN}}$”进行区分。与“会$_{\text{CIR}}$”相同，“能$_{\text{CIR}}$”也能够进入“×不×”格式提升至句首引导是非问，而动力情态“能$_{\text{DYN}}$”不能引导是非问：

（32）a. 能不能$_{\text{CIR}}$你来开车？

b. ＊能不能$_{\text{DYN}}$你开车？/你能不能$_{\text{DYN}}$开车？

标准二：“可能$_{\text{EPI}}$”辖域高于否定词，“可能$_{\text{CIR}}$”辖域低于否定词。

本书假设句子中只在TP以下存在一个否定词节点（详情参见第五章讨论），因此，只有根情态词能够被否定词修饰，而认识情态词则不能够被否定词修饰。第一个证据是认识情态动词“应该$_{\text{EPI}}$”没有否定形式，即“不＋应该”总是被解读为“应该”的道义情态用法“应该$_{\text{DEO}}$”。

（33）a. ＊他不应该$_{\text{EPI}}$回来了。

b. 他不应该$_{\text{DEO}}$回来。

第二个证据是“不可能”与“可能”的地位不同。具体分析见章节5.2关于否定结构的讨论。

根据制图法的层级划分思路（认识情态＞非认识情态），能够得到以下句序：可能$_{\text{EPI}}$＞否定词＞可能$_{\text{CIR}}$。

2.3.1.3 条件可能“可以$_{\text{CIR}}$”

“可以”是一个典型的多义根情态词，通常分为表允准义的道义情态词“可以$_{\text{DEO}}$”与表能力义的动力情态词“可以$_{\text{DYN}}$”，形式句法学家一般将前者划归为提升动词，后者划为控制动词。

“可以$_{\text{DYN}}$”在表达“能力”意义时有三种用法（彭利贞，2007）：

①表示主语具有能力完成某事：

（34）我可以开车。

（35）小张可以游自由泳，小李可以游蝶泳。

②表示主语具备某种条件完成某事：

（36）加强国际金融协调，就可以避免这种国际金融危机的发生。

（37）平日里遇上烦心事，大家可以商量着办。

③表示主语具有某种特定的用途或功能：

（38）油橄榄属木樨科常绿乔木，果实可以食用。

（39）这种抗生素可以抑制一些细菌的生长。

（40）屈折语的一个变词语素可以同时表示好几种语法意义。

条件情态“可以$_{\text{CIR}}$”与“可以$_{\text{DYN}}$”表现出不同的句法特点，“可以$_{\text{DYN}}$”作为动力情态动词，允许从句谓词提升，而条件情态“可以$_{\text{CIR}}$”却不允许这种操作：

（41）a. 开车，小张可以。

　　　b. *食用，油橄榄果实可以。

已知道义情态词也不允许谓词提升，那么句（41b）能不能理解为“可以$_{\text{DEO}}$”呢？答案是否定的，道义情态必然包括一个道义的承受者（即“债务人”）。然而句（41b）显然不能解读为果实被允许食用，而是表示作为主语的“油橄榄果实”具有“可以食用”的用途，符合动力可能的语义内涵。但又因为不允许从句谓词提升的特征与动力情态相冲突，因此，笔者将“可以”这种用法“折中”处理为条件可能的用法。

类似的用法还有“能$_{\text{CIR}}$”，即“可能$_{\text{CIR}}$”的省略形式，当其用作条件情态时，也不允许谓词提升：

（42）a. 开车，小张能。

　　　b. *食用，油橄榄能。

同样，“可以$_{\text{CIR}}$”与“能$_{\text{CIR}}$”一样，也都能进入“×不×”格式提升至句首：

（43）可不可以$_{CIR}$你来开车？

首先，从题元语义的角度分析，句子中不包含一个道义的承受者，因此，不可能理解为“可以$_{DEO}$”。其次，动力情态的“×不×”格式无法抬升到句首位置，因此，也排除“可以$_{DYN}$”的用法。综上所述，只能理解一个中间性的解读，即条件可能“可以$_{CIR}$”。

上述例子体现了传统分析中被划分成认识情态词或动力情态词的条件情态用法。可以看出，条件情态与其他非认识情态的区分通常是比较直观的，但与认识情态的用法则不太容易区分，因此，需要使用更多语法手段来描写二者的差异。

2.3.2 条件情态与认识情态的系统对比

巫雪如（2014）使用了两组语义特征来刻画认识情态与未来时标记的差异：“±真值推断”与“－未来时定位”[①]。

表 2-2 认识情态与未来时标记语义特征表（巫雪如，2014）

情态——语义	语义特征	例句
认识情态——当前事态推断	[＋真值推断] [－未来时定位]	夫天之见妖也，以罚有罪也。我必有罪，故天以此罚我也。（《吕氏春秋》）
认识情态——非未来事态推断	[＋真值推断] [＋未来时定位]	虢射曰："期年狄必至，示之弱矣。"（《左传》）
未来时标记	[－真值推断] [＋未来时定位]	今京不度，非制也，君将不堪。（《左传》）

简单来讲，“－真值推断”可以理解为出现在有真值的句法环境中，即陈述句中。而“未来时标记”则可以出现在揣测问句中。本书沿用这一组语义特征来标识认识情态与条件情态的差异：

① 巫雪如还使用了“±预期”这一特征来刻画被未来时标记的命题、事件是否体现出主观上的预期性来，由于体现的是未来时标记内部的对立，故与本书此处的论述无关，暂且略去。

表 2-3　认识情态与条件情态的区分（巫雪如，2014）

情态类型	语义特征
可能$_{EPI}$	[+真值] [-未来]
可能$_{CIR}$	[-真值] [+未来]
会$_{FUT}$	[+真值] [+未来]
会$_{CIR}$	[-真值] [-未来]

“-真值推断”说明条件情态词可以用于疑问句中，而认识可能“可能$_{EPI}$”总是对已然事件的真值评价，条件可能“可能$_{CIR}$”却蕴含了隐性的未来时语义。“会$_{FUT}$”的语义只能指向未来事件，而“会$_{CIR}$”却可以与现在时、过去式搭配使用。

我们还可以根据句法环境限制来确定条件情态有别于认识情态的用法。帕默（1986）指出，认识情态助词不能出现在条件句的先件里：

（44）*If it may/must rain, I'll take an umbrella.*

德鲁比希（Drubig，2001）进行了补充说明：当多义情态助词出现在条件句先行句时，句法环境会将认识情态义项加以滤除，即强制道义情态解读：

（45）*If Mary may/must come today*, …→ * *epistemic/deontic*

英语情态副词（probably，possibly，obviously）也同样存在这种效应。

汉语中的情形也符合上述限制，认识情态副词、情态动词不能出现在条件句先件中：

（46）* 如果大概 [副词] 天会下雨，比赛就取消。
（47）* 如果或许 [副词] 玛丽会来，我就出席。
（48）* 如果可能 [动词] 玛丽要来，我就出席。

而条件情态则能够出现在条件句先行句中：

(49) 如果玛丽会$_{\text{CIR}}$来，我就出席。

如果玛丽（可）能$_{\text{CIR}}$来，我就出席。

最后，非认识情态词能够出现在连谓条件句中，而认识情态词则不能。

(50) a. 你吃饱了饭应该$_{\text{DEO}}$干活。

b. *你吃饱了饭应该$_{\text{EPI}}$干（了）活。

“会$_{\text{CIR}}$”能够很自然地出现在连谓条件句中，且辖域要低于条件前件的位置：

(51) a. 海绵吸饱（了）水会膨胀。=吸饱了水，海绵会膨胀。

b. *海绵会吸饱了水膨胀。

(52) a. 水零度以下会结冰。

b. *水会零度以下结冰。

(53) a. 他睡着时会磨牙。

b. 他会睡着时磨牙。

上述分析均能够说明“会$_{\text{CIR}}$”的句法地位应该与非情态动词更为接近，而与认识情态用法的区别更加明显。

2.4 小 结

本章对于情态词的定义、分类以及主要成员进行了背景性的论述，重点引入了包含条件情态在内的新分类体系，并从句法环境、语义功能等角度分析了条件情态与认识情态的差异，论证了条件情态类目的独立性。由于认识可能动词本身就是一个成员较少的类目，只有两个典型成员“可能$_{EPI}$”与“应该$_{EPI}$”，因此，当我们总结认识情态词的整体性特征时，若只符合“可能$_{EPI}$”的使用情况，而不符合“应该$_{EPI}$”的使用情况，那么就应该将这种分歧处理为“可能$_{EPI}$”的特质属性。基于这个出发点，本书将“可能$_{EPI}$”区别于认识情态动词家族另一成员的独特属性，尝试分析为条件可能用法“可能$_{CIR}$”，并同“会$_{CIR}$”相互参考佐证，预测并解释了一些区别于认识情态词的功能与特征。

本书接下来将会从句法分析的角度，进一步系统化分析情态词内部结构的差异，并以制图法为理论基石，旨在探究一个更加完善的情态词句法层级序列。

第三章　情态动词的补足语结构

情态动词的提升/控制二分结构是形式句法分析的基点，可以用来解释和预测情态句嵌入式从句主语是否需要强制提升，而提升/控制结构的界定标准则与补足语的限定性密不可分（Lin，2011）。本章将基于黄正德（2022）的汉语动词补足语类型三分法，讨论情态动词的补足语结构与各类情态句式中发生的名词性成分移位操作，从而确定情态动词的三类基本句法结构，验证条件情态独立分类的合理性。此外，部分情态动词表现出的跨类句法特征，也为汉语情态动词内部连续统的分析提供了支撑。

3.1　动词补足语从句限定性测试

限定性与从句时制 T 有关，限定性从句的时间参照较为自由，而非限定性从句的时间参照则受制于主句时制；限定性从句的成分析取受到更多限制，而非限定性从句的成分析取更为自由。

限定性和非限定性从句在主句谓词的补足语类型上也体现出差别。吉翁（Givón，1990）提出谓语动词影响从句限定性层级规律：谓语越“强”，则从句的限定性越弱。罗切特（Rochette，1988）将谓语动词分为三类：

（1）A. 命题：*think*，*claim*

　　B. 动作：*wish*，*prefer*

　　C. 事件：*begin*，*continue*

乌姆布兰德等人（Wurmbrand et al.，2020）继承了限定性层级化的思路，提出了诠释度完成序列（ICH）：

表 3-1 诠释度完成序列（Wurmbrand et al.，2020）

诠释度完成序列（ICH）		
独立性最强	Ⅰ Ⅱ Ⅲ	独立性最弱
整合性最弱	命题＞情境＞事件/动作	整合性最强
整合性最弱		整合性最强

类型Ⅰ到类型Ⅲ在ICH三维度，即从句独立性、从句透明性和动词整合性上体现了一个梯级序列。独立性指的是从句时间参照、题元结构独立于主句信息的能力，透明性指的是从句内部成分移出的自由程度，整体性指的是从句动词与主语动词通过连用、合并等方式整合为一个复合性动词的潜力。

从句法特征上来看，类型Ⅰ的典型补足语为CP，类型Ⅲ的典型补足语为 νP，而类型Ⅱ则对应到低于TP的"时制—语态—情态域（tense-aspect-modality domain，下文简称TAM域）"中的某个节点。类型Ⅰ动词的补足语成分为"＋Finite"，类型Ⅱ和类型Ⅲ动词的补足语成分为"－Finite"：

（2）动词三类型的补足语最小结构（黄正德，Huang，2022）：

类型Ⅰ（命题）：算子域→CP

类型Ⅱ（情境）：TAM域→IP（Inflectional Phrase，屈折词短语）

类型Ⅲ（事件/动作）：题元域→νP

黄正德（2022）基于ICH理论，对汉语的动词进行了三分类，并提出了多项测试方法[①]：

一、时体标记搭配：

a. 完成体标记"过""了"→类型Ⅰ/＊类型Ⅱ、类型Ⅲ

b. 未来时间状语（"明天"）以及表未然的情态动词"要""会""得

---

① 除了本书引用的几种测试方法外，还有时态标记下沉等测试方法，由于无法适用于测试情态动词（测试冗余），本书暂且略去。

děi”→类型Ⅱ/*类型Ⅲ

张宁（Zhang N，2019）提出句末进行体“来着”和“呢”也可以侦测限定性（转引自 Huang，2022）：

（3）张三可能［修理汽车呢/来着］

（4）*张三能/会［修理洗车呢/来着］

“来着”和“呢”能够出现在类型Ⅰ的补足语中，而不能出现在类型Ⅱ和类型Ⅲ的补足语中。

二、空主语：限定性从句允许插入显形主语，非限定性从句通常只允准空主语（李艳惠，Li，1985，1990；何雨殷，He，2020）：

（5）医生告诉李四$_i$［他$_i$/PRO$_i$ 必须马上戒烟］

（6）医生劝李四$_i$［*他$_i$/PRO$_i$ 必须马上戒烟］

（7）李四$_i$ 今天开始［*他$_i$/PRO$_i$/t$_i$ 戒烟］

需要补充的一点：当认识情态词后面的补足语从句携带完成体标记时，空主语将导致句子不合法：

（8）张三$_i$ 认为可能［他$_i$/他$_j$/PRO 要戒烟］

张三认为可能［他$_i$/他$_j$/*PRO 戒了烟］

（9）张三认为应该［*他$_i$/*他$_j$/PRO 要戒烟］

（10）张三认为能够［*他$_i$/*他$_j$/PRO 戒烟］

补充现象不影响非限定性从句不允许显形主语的结论。

三、内部话题化/从句宾语提升（Qu，1994；Shyu，1995，2001；Huang N，2018）：非限定性从句允许内部成分话题化提升到主句动词之前，而限定性从句禁止这一操作（下画线标示从句内移出成分）：

(11) 我［这篇报告］会设法［$_{[-\text{Finite}]}$尽快写完__］

李四［这篇报告］打算［$_{[-\text{Finite}]}$在这周内提交__］

(12) a. 我相信［$_{[+\text{Finite}]}$李四［这篇报告］写完了__］

b. *我［这篇报告］相信［$_{[+\text{Finite}]}$李四写完了__］

四、动词拷贝、动词前置：非限定性从句允许内部 VP 进行拷贝变换后前移到主句层面，IP 内保留 VP 尾迹，而限定性从句禁止这一操作：

(13) 张三［骑马］打算/尝试［$_{[-\text{Finite}]}$PRO 骑（/了）三次］

(14) 张三［跑步］能［$_{[-\text{Finite}]}$PRO 每天跑半个钟头］

(15) *张三［骑马］知道［$_{[+\text{Finite}]}$PRO 骑了三次］

(16) *张三［跑步］听说［$_{[+\text{Finite}]}$PRO 每天跑半个钟头］

五、焦点化结构前置：限定性从句禁止内部的焦点化宾语移出（Shyu，2001），如“连……”结构[①]（Huang N，2018）：

(17) a. 张三相信［$_{[+\text{Finite}]}$李四［连这种小事］都自己处理__］

b. *张三［连这种小事］都相信［［$_{[+\text{Finite}]}$李四__］自己处理__］

(18) a. 张三准备/能够［$_{[-\text{Finite}]}$［连这种小事］都自己处理__］

b. 张三［连这种小事］都准备/能够［$_{[-\text{Finite}]}$自己处理__］

六、“所”字黏着性攀附：“所”字在类型Ⅲ动词后的关系型小句中强制提升到主句主语之前，而在类型Ⅰ、Ⅱ中非强制提升（例句改编自 Chiu，1995；丁仁，Ting，2010）：

① Huang N（2018）认为“连……都”句中的焦点化成分为“连＋NP”成分，实际上这组句子中进行提升的应当是完整的“连……都”结构，如果仅移出“连……”而“都”遗留在原位，句子依旧不合法：

*张三［连这种小事］准备［________都自己处理］

(19) 类型Ⅰ：a. (这就是) 张三所说的 [$_{[+Finite]}$带走的包]

b. ——张三说的 [$_{[+Finite]}$所带走的包]

(20) 类型Ⅱ：a. ——张三所打算 [$_{[+Finite]}$带走的包]

b. ——张三打算 [$_{[-Finite]}$所带走的包]

c. ——张三所强迫 [$_{[-Finite]}$李四带走的包]

d. ——张三强迫 [$_{[-Finite]}$李四所带走的包]

(21) 类型Ⅲ：a. ——张三所能/肯/敢 [$_{[-Finite]}$带走的包]

b. ——*张三能/肯/敢 [$_{[-Finite]}$所带走的包]

作为除了事件时间相对独立性之外唯一能够区分类型Ⅱ与类型Ⅲ的测试手段，笔者观察到有一些问题存在：首先，从类型Ⅰ到类型Ⅲ，b组的接受度都比a组要低很多，也就是说，即便在类型Ⅰ和类型Ⅱ结构中，“所”字也更倾向于攀附主句动词；其次，丁仁（Ting，2010）与黄正德（2022）都观察到在类型Ⅰ结构中主句动词后的“的”字省略会导致句子不合法（例如：*这就是张三所说带走的包），这说明类型Ⅰ中“所”字的提升亦受到额外条件限制，三组对比不能形成最小差异对，因此，可靠性存疑。

七、长被动句变换：类型Ⅱ与类型Ⅲ允许从句宾语通过长被动句变换移到补足语以外，而类型Ⅰ不允许宾语长距被动化（转引自 Huang，2022）：

(22) 类型Ⅰ：a. * [张三] 被李四透露 [$_{[+Finite]}$警察抓走了__]

b. [那封信] 被我以为 [$_{[+Finite]}$李四寄走了__]

(23) 类型Ⅱ：a. [张三] 被李四 [派 [$_{[-Finite]}$警察抓走__] 了]

b. [那封信] 被我 [叫 [$_{[-Finite]}$李四寄走__] 了]

(24) 类型Ⅲ：a. [市长] 被警察 [开始 [$_{[-Finite]}$调查__] 了]

b. [他的公开言论] 被推特 [决定 [$_{[-Finite]}$推送__] 了]

黄正德（2022）提出的限定性诊断测试方法与对应结果总结如下：

表 3 - 2 动词补足语限定性检测结果分类（Huang，2022）

补足语内部	动词类型			
	类型Ⅰ	类型Ⅱ	类型Ⅲ	限定性诊断
允许搭配完成体标记	是	否	否	[+Finite] / * [−Finite]
允许显形主语	是	否	否	[+Finite] / * [−Finite]
允许从句宾语话题化	否	是	是	* [+Finite] / [−Finite]
允许 VP 拷贝提升	否	是	是	* [+Finite] / [−Finite]
允许焦点化宾语外移	否	是	是	* [+Finite] / [−Finite]
允许“所”字黏着	是	是	否	N/A
允许长被动句变换	否	是	是	* [+Finite] / [−Finite]

3.2 情态动词补足语结构成分的限定性

黄正德（2022）测试的主要是言说动词、评价动词、真谓宾动词（即只能带谓语作宾语的动词，朱德熙，1982）以及包含兼语的二元控制动词，但测试结果也包含了一些情态动词：

（25）根据本文的研究范围，可将黄正德（Huang，2022）对汉语情态动词的分类大致总结如下：

类型Ⅰ：可能$_{EPI}$

类型Ⅱ：无（但通常与道义情态动词适配：必须、得［děi］、要$_{DEO}$）

类型Ⅲ：能$_{DYN}$、敢、肯、得以、可以$_{DYN}$

然而，笔者对测试结果进行了对照核查，发现与上述结论存在一些出入。

3.2.1 认识情态

关于认识情态词“可能$_{EPI}$”的测试结果，根据VP拷贝测试法，“可能$_{EPI}$”作为类型Ⅰ动词，其后的补足语为限定性从句，理当不允许补足语内VP进行拷贝提升，然而事实相反：

（26）张三［骑马］可能［$_{[+Finite]}$ PRO骑了三次］

焦点化宾语移出测试也同样与结论矛盾，“可能$_{EPI}$”后的从句允许焦点成分“连……都”外移：

（27）张三［连这种小事］都可能［$_{[+Finite]}$自己处理__］

“所”字诊断也有类似的问题，应当允许出现在限定性从句中的操作实则不合法：

（28）a. 这就是张三所可能［$_{[+Finite]}$带走的包］

b. ——＊张三可能［$_{[+Finite]}$所带走的包］

将“所”字暂放，观察上述句子的结构，认识情态词，包括情态副词与情态动词，均不能出现如在“的”字引导的关系型小句的修饰语中：

（29）a. ＊这就是张三［大概$_{[副词]}$带走的包］

b. ＊这就是张三［应该$_{EPI}$带走的包］

c. ＊这就是张三［或许$_{[副词]}$带走的包］

而道义情态词，包括副词与动词，均能出现在这类结构中：

（30）a. 这就是张三［应该$_{DEO}$带走的包］

b. 这就是张三［必须$_{[副词]}$带走的包］

c. 这就是张三［可以$_{DEO}$带走的包］

然而，“可能”与“会”作为认识情态，却能够出现在关系型小句的修饰语部分：

（31）“可能”：这就是张三［可能$_{EPI}$带走的包］

“会”：这就是张三［会$_{EPI}$带走的包］

“可以$_{DEO}$”：这就是张三［可以$_{DEO}$带走的包］

上述对比说明，在这类结构中，“可能”与“会”更接近根情态的用法，即条件情态的用法。

再来看焦点化宾语移出结构，区分“可能”的认识用法与条件用法有两种办法：一是“可能$_{CIR}$”能够简化为“能”而不改变句子合法性，而“可能$_{EPI}$”不行。我们用“能”替换句（27）、句（28）中的“可能”，发现句子合法：

（32）a. 张三连这种小事都能自己处理。

b. 这就是张三所能带走的包。

二是条件情态改写成否定形式通常直接在情态动词前边加否定标记，而认识情态则会在动词前或 TAM 域添加否定标记，此处的“可能”更符合条件情态的表现：

（33）a. 张三连这种小事都不可能自己处理。

b. *张三连这种小事都可能自己不处理。

上述对比说明这两组句子中的“可能”实际是“可能$_{CIR}$”。

综上所述，若黄正德（2022）提出的限定性测试方法确切可行，则“可能”能够被诊断出贴近类型Ⅱ/Ⅲ动词的功能用法，即根情态词的用法，这为情态词“可能”的认识/条件两分说提供了一定的佐证。

3.2.2 根情态

关于动力情态词（能$_{DYN}$、敢、肯、得以、可以$_{DYN}$）的测试，焦点化宾语前置和长距被动化都会产出不符合语感的句子：

(34) a. *张三可以$_{DYN}$ [$_{[-Finite]}$ [连一百斤重的哑铃] 都举起__]

b. 张三 [连一百斤重的哑铃] 都可以$_{DYN}$ [$_{[-Finite]}$举起__]

(35) a. *张三敢 [$_{[-Finite]}$ [连恐怖片] 都看__]

b. 张三 [连恐怖片] 都敢 [$_{[-Finite]}$看__]

(36) a. 警察 [可以$_{DYN}$ [$_{[-Finite]}$调查老张] 了]

b. * [老张] 被警察 [可以$_{DYN}$ [$_{[-Finite]}$调查__] 了]

(37) a. 推特 [肯 [$_{[-Finite]}$推送他的公开言论] 了]

b. * [他的公开言论] 被推特 [肯 [$_{[-Finite]}$推送__] 了]

作为情态动词系统重要组成部分的道义情态词，被用作测试手段（时体标记搭配）而非当作测试对象。而道义情态词携带的成分究竟有限还是无限，本身就是一个具有争议的话题。林若望、汤志真（Lin，Tang，1995）认为认识情态和道义情态携带限定性补足语，而其他根情态以及表将来时的“会”则携带非限定性补足语，而林宗宏（2011，2012）则认为只有认识情态词携带 [＋Finite] 补足语，因此，道义情态词的补足语成分限定性还存在一定的讨论空间。

3.2.3　重新分析

为了补全分析，我们对“应该$_{DEO}$”“必须”“可以$_{DEO}$”“（需）要”[①]“得［děi］”进行补充测试[②]，结果如下（测试用句详见附录中的表 2 及相关说明）：

表 3-3　道义情态词限定性测试

从句允准操作	道义情态动词					
	应该$_{DEO}$	必须$_{副词}$	可以$_{DEO}$	需要	得［děi］	限定性诊断
完成体标记	否	否	否	否	否	［－Finite］
从句宾语话题化	是	是	是	是	是	［－Finite］
VP 拷贝提升	是	是	是	是	是	［－Finite］
焦点化成分外移	是	是	是	是	是	［－Finite］
宾语长距被动化	否	否	否	否	否	［＋Finite］

从表 3-3 可以看出，除了补足语“宾语长距被动化”这一项操作会诊断出［＋Finite］外，其他测试操作均得出［－Finite］的诊断结果，这与林宗宏（2011）的结论是基本吻合的。需要额外注意的是，在补足语宾语长距被动化不合法这一点上，道义情态动词与认识情态动词、动力情态动词的表现是一致的，这说明动词允准补足语宾语长距被动化的能力不单单与限定性有关，也有可能与动词本身的语义特性有关。汉语长被动句中至少要有一个表使役义或处置义的动词（邓思颖，2004）。情态动词本身不具备致使义，因此，无法变换为［被＋MODAL］的形式，类似的例子有

① 情态动词“需要”有时会应用于二元谓词结构，与“要求”功能类似：

（1）张三需要/要求李四下午五点前赶到公司。

需要注意的是，这两种结构并不具有完全等同的底层结构形式，具体表现为：“要求”句允许被动变换，而“需要”句则不可以：

（2）a. 李四$_i$被张三要求 t_i 下午五点前赶到公司。

（3）b. ＊李四$_i$被张三需要 t_i 下午五点前赶到公司。

上述对立也体现了情态动词与典型动词的差异。

② 由于道义情态词后带显形主语的结构可能会受到道义情态词焦点算子用法的干扰，此处暂不考虑。同理，如上文所述，由于“所”字结构黏着测试法存在一定合理性质疑，此处亦作搁置。

静态动词“喜欢”：＊那个苹果被我喜欢 $[_{[-\text{Finite}]}$吃了__]。

此外，认识情态和道义情态在经历被动化操作之后，情态词永远位于“被”字前，经历被动变换后，句子的语义发生了细微的变化，比如句(38)中道义所针对的对象不同，但仍然合法，而动力情态不允许任何被动变换：

(38) a. 警察可能调查了张三。

b. 张三可能被警察调查了__。

(39) a. 警察应该去调查张三。

b. 张三应该被警察去调查__。

(40) a. 警察敢逮捕老张。

b. ＊老张敢被警察逮捕__。

我们还可以用“无生主语”＋“条件情态”来测试该操作的合法性，发现条件情态也允许这种操作：

(41) a. 偶数能$_{\text{CIR}}$被 2 整除。

b. 树叶可以$_{\text{CIR}}$被草食性动物消化吸收。

这一差异可以用情态词的句法层级序列来解释。关于被动标记“被”的位置，一种观点是“被”位于高于（毗邻）VP、低于 TP 的位置上（Huang，2009；何元建，2010）。还有一种观点是汉语的被动句应该解读为焦点句，“被”字位于高焦点位置上，以 CP 为补足语，句首名词是话题而非主语（马志刚等，2015）。无论采用何种分析，“被”字均高于 vP，根据情态系统的制图方案分析法，动力情态动词短语能够投射成以 Modal^{DYN} 为中心语的短语最大映射，以带有施动义/主动义的实义动词短语为补足语，位于 vP 以下（蔡维天，2010），认识情态与道义情态则位于高于 vP 的位置，句法层级结构如下：

(42) 警察敢逮捕老张。

a. 老张可能被警察逮捕了。

b. 老张应该 $_{DEO}$ 被警察逮捕。

c. * 老张敢被警察逮捕。

(43) 被动句中情态词的位置关系：

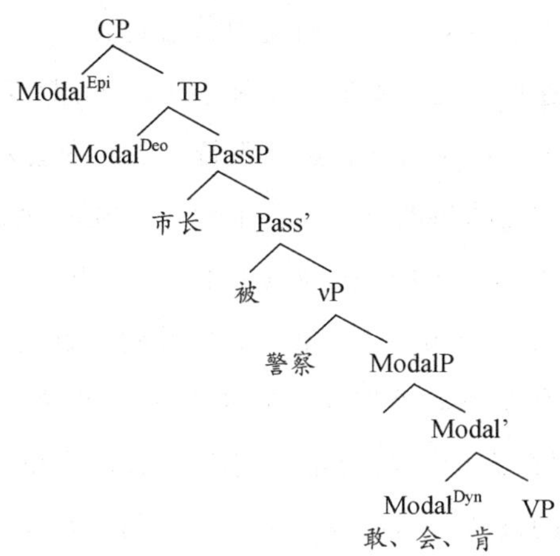

(PassP＝被动语气词短语，何元建，2010)

若按照“被”字毗邻 VP 说，则不需要经过任何额外句法操作就可以预测句(42)中的语序；若按照“被”字句焦点句说，假设认识情态词与道义情态词都具有提升到［Spec Foc］节点，协同充当焦点算子的能力，而动力情态词则不能进行这一移位操作①。因此，认识情态句和道义情态句允许被动化操作，而动力情态句则不能进行被动变换。

另外一种解释则从动力情态词的句法地位入手。我们发现，当动力情态“被”进行否定变换后，被动化操作就变得合法：

(44) a. 市长不肯被警察逮捕。

① 根据语段不可渗透条件(Chomsky，2000)，作为中心语的 Modal 不能移出短语，只有作为补足语的 VP 能够先移动到左边界，再话题化提升至句首，形成动词短语话题句：

(1)［逮捕老张 j］，［警察［敢［t_j］］］

另一种话题化手段，则是作为动词补足语的宾语先提升到［Spec νP］节点，再提升到句首，形成宾语话题句：

(2)［老张 i］，［警察［敢［逮捕 t_i］］］

b. 小偷不敢被路人看见。

一方面，我们可以从语境层面来解释，谭馥（1991）提出“被”的语义功能是为论元结构中添加一个“受害者”的题元角色，就是说，“被”字后的谓语通常只能为负面事件。而动力情态包含［＋意愿］的语义，动力情态＋“被”的连用结构，就形成了施事主观上想要达成对自己有害的状态或实施负面行为的语用含义，显然不符合现实中会发生的状况。

另一方面，从句法的角度出发，否定标记、疑问化、介词插入改变默认赋格位置等，都是汉语情态动词常见的句法变换手段。如条件情态“会”就可以在改写成“A-not-A”格式后提升到句首引导是否问句，而大部分道义情态词只有在添加否定标记后才能用于零主语道义情态句（如：不准大声喧哗）。根情态词要与否定标记在什么句法位置上进行结合，结合后的成分与单独的根情态词是否有着不同的句法地位，这些还有待接下来进一步讨论。

3.3 小结

黄正德（2022）将类型Ⅱ动词对应到 TAM 域（低 IP 域），而类型Ⅲ动词对应到轻动词域，因此，要达成完整的情态动词的句法层级理论，仍需要对道义情态词的具体类型进行厘定。而“所”字测试存在一定缺陷，则需要额外补充道义情态的区分测试手段，可以分别从语义、句法两个维度考量。

从语义解读的角度来看，我们可以对从句时间指称独立性进行直观的解读。类型Ⅱ的补足语事件的参考时间（reference time，RT）受制于主句动词事件的参考时间，即允许 RT 之间存在时间差；类型Ⅲ补足语事件 RT 与主句事件 RT 为同一时间。

关于情态动词与时体成分的搭配，公认的规律是：道义情态与动力情态均不能与过去时/完成体标记共现，但道义情态则比动力情态多一层“未然”义。特劳戈特（2002）指出，典型道义情态所涉及的事件指向未来，而典型认识情态则指向现在。至于狭义条件情态，也蕴含着内在的将来时语义，原因在于条件句中总是蕴含着“条件＞结果”的先后顺序，作为结果的B对于作为条件的A来说总是存在于未来时态（范晓蕾，2016）。

因此，条件情态相比较动力情态，补足语的时制独立性更高，在独立性特征的梯级序列中应当排在认识情态和动力情态之间，符合类型Ⅱ的特征描述。

根据动词三类型最小补足语（Huang，2022），我们可以将汉语情态动词的基本句法结构拟定如下：

（45）汉语情态动词的基本句法结构：

a. 认识情态：$[_{ModP}\ Mod^{EPI}\ [_{BE}\ [_{CP}\ [_{TP}\cdots]\ ]\ ]\ ]$

b. 外在情态（条件/道义）：

$[_{CP}\ [_{TP}\ [_{ModP}\ Mod^{DEO}\ [_{SHALL}\ [_{VP}\ PRO\ [_{VP}\cdots]\ ]\ ]\ ]\ ]\ ]$

c. 动力情态：$[_{VP}\ DPi\ [_{ModP}\ Mod^{DYN}\ [_{VP}\cdots]\ ]\ ]$

汉语情态动词补足语成分的限定性呈现出一个由高到低的演变趋势：从认识情态到外在情态再到动力情态，补足语的限定性单向递减，最大范围单向递增。这一规律支持了制图法关于情态动词层级三分的理论假设。

在背景理论介绍中，本书罗列了前人关于汉语情态动词整体性句法特征的讨论，结合本章新增分析内容，补充整理如下：

表3-4 汉语情态词的“三分”句法特征

特征	情态词种类		
	认识情态	外在情态	动力情态
不能与完成体/进行体共现	－	＋	＋
域外论元语义限制	－	＋	＋
允许从句 VP 话题化	－	－	＋
允许被动变换	＋	＋	－
能够独立充当焦点算子约束有定名词	－	＋	－
能够进行否定/疑问变换充当标句结构	－	＋	＋

续 表

特征	情态词种类		
	认识情态	外在情态	动力情态
辖域高于复杂焦点化结构（“只有……才”/“无论……都”/“就”）	+	−	−

我们可以将部分内容与吉翁-乌姆布兰德的ICH体系对应起来：成分共现限制与补足语独立性呈反相关，补足语内部成分外移自由度与不透明性呈反相关。可以看出，认识情态词与另外两种情态词的差异较为明显，在整个情态系统中大致位于类型Ⅰ的位置，而条件/道义情态与动力情态的差异则较小。

道义情态和条件情态广泛具有否定变换和正反问变换的能力。笔者认为，这与道义/条件情态更贴合“典型”情态动词的特征有关，而认识情态词不能进行上述句法操作。否定标记通常要与谓词性成分结合，而句首正反问结构为助词的语法功能，副词则不满足这些要求。此外，动词能够用作中心语，在句子中的位置比较固定，而副词则一般用作修饰或限定语，在句子中的位置比较灵活。通过上述对比可以看出，道义/条件情态更贴近助动词的属性，动力情态更接近真谓宾动词或实义动词的属性，而认识情态词则更多体现不符合助动词的特征来，说明情态词的内部连续统与外部连续统可能存在一定的对应关系，这些差异除了句法位置高低的因素外，或许还有来自词类范畴本身的影响。

第四章 情态句的论元结构

多义情态义的词项区分关系中，题元角色的数目是一个重要的分析参数。情态词的形式句法学研究认为，认识情态动词作为提升动词，不能指派题元角色，作为控制动词的部分根情态动词，能够指派题元角色，这样笼统的分类不能详细地揭示根情态动词论元结构的差异。因此，本书将分析道义情态动词的题元角色与论元结构的关系，并与其他几类情态词进行比对。

4.1 题元角色

生成语法学家认为，认识情态动词有着提升动词的论元结构特征，能够带一个命题作为论元。而根情态则能带一个个体论元和一个命题论元，这个个体论元通常是句子的主语（Jackendoff，1972；Brennan，1993）。

黄正德（2009）提出，认识情态词对提升主语无语义上的限制，而作为控制动词的根情态词有着内在的语义特征，因此，要求主语具有意志性。胡波（2016）指出，控制类情态动词，即道义情态动词与动力情态动词必须选择有生主语指派施事论元，然而，如下列句子所示，道义情态与动力情态可以选择无生主语，甚至语境中主语缺省：

（1）a. 认识：黄金会在高温下融化。/南方家庭的衣柜可能会发霉。

b. 道义：宪法应该为欧洲人民和欧洲社会而制定。（CCL）

残疾儿童、少年接受义务教育的入学年龄可以适当放宽。（CCL）

东西可以放起来。

c. 动力：陶瓷发电机可以耐高温。

教育能为政治培养所需要的人才。

（＊肯/敢/愿意）

仔细观察这类例句，道义情态词前的名词虽然占据了主语的位置，但实际上是句子主要动词的宾语：

（2）a. 应该为欧洲人民和欧洲社会而制定宪法。

b. 可以适当放宽残疾儿童、少年接受义务教育的入学年龄。

c. 可以把东西放起来。

动力情态词“可以”与“能”在使用时，虽然句子不可以还原成宾语原位的形式，但仍然体现出内部差异，如“肯”“敢”“愿意”等主语能力型动力情态就无法用于上述结构。

因此，我们有必要对根情态动词具体的论元结构进行辨析，一个简单的维度就是题元角色的数量以及情态词语义的来源与指向。

汤廷池等（1997）从概念来源的角度对汉语根情态动词进行了分类，分为“说话者指向”与“主语指向”：

（3）概念来源	说话者	可以	应该	要
	主语	能够	愿意	敢

这里的“语义来源”可以对应到范·德·奥维拉等人（1998）的“参与者内在可能”与“参与者外在可能”，即理解为义务/许可/允准等道义情态的来源总是外化于主语，而能愿/能力等动力情态的来源总是内化于主语。

特劳戈特（2002）提到了道义情态的题元角色要遵循“Obligor（债务人）＞Obligee（债权人）”的凸显性层级。我们可以将“债务人”解读为道义的接受者，对应“听者”的概念；“债权人”解读为道义的发出者，对应“言者”的身份。

除了情态动词指派的题元角色外，主要动词通常也会携带一个受事宾语。综合这个特性，本书假设真道义情态句中存在以下的题元凸显性层级：

（4）汉语道义情态的题元凸显性层级假设：

[Obligor] > [Obligee] > [Patient]

[债务人] > [债权人]① > [受事]

在题元角色到句法结构的映射规则上，题元分配一致性假设②（Uniformity of Theta Assignment Hypothesis，Baker，1988，以下简称UTAH）要求所有题元角色在投射到句法结构时予以保留。在UTAH的基础上，拉森（Larson，1988）对层级映射规则进行了补充，即相对性题元分配一致假设③（Relativized UTAH），该规则要求“题元角色—句法论元”的映射遵循“自下而上”“从不显著到显著”的先后顺序：

（5）论元结构中的语法关系层级

[Subject] > [Object] > [Indirect Object] > [Adjunct]

[主语] > [宾语] > [间接宾语] > [附加语]

基于相对性UTAH，本书假设“债务人”在道义情态句中总要获得最高的凸显性，因此，句法投射总要优先指派“债务人”的题元角色。投射到句法结构中，“债务人”总是优先于“债权人”充当句子的主语。

事实证明，道义情态确实可以单独同言者与行动形成联结，如尼南（Ninan，2005）提出，道义情态与祈使语气有关，信息的接受者处于必须

① [Obligee] 可以由事件论元来获得。

② 题元分配一致假设（Baker，1988）

Identical thematic relationships between items are represented by identical structural relationships between these items at the level of D-structure.

③ 相对性题元分配一致假设（Larson，1988）

If a verb α determines theta-roles θ1, θ2,… θn, then the lowest role on the Thematic Hierarchy is assigned to the lowest argument in constituent structure, the next lowest role to the next lowest argument, and so on.

完成某件事的义务要求之下。道义情态词的语义功能就是建立起从主语（听者）到谓语“必做清单（to-do list）”的映射，即“述行性”映射。换而言之，“债权人”（言者）可以在道义情态的会话背景中隐形：

(6) 道义必然（义务）：

a. 言者显形：我$_{[Obligee]}$需要你$_{[Obligor]}$马上停止讨伐！

b. 言者隐性：你$_{[Obligor]}$需要马上停止讨伐！

(7) 道义可能（允准）：

c. 言者显形：国家$_{[Obligee]}$不准未成年人$_{[Obligor]}$购买含酒精饮品。

d. 言者隐性：未成年人$_{[Obligor]}$不准购买含酒精饮品。

在道义情态句中，言者是默认省略的，此时道义的来源仍然可以追溯到人的某种“意志要素”（Jespersen，1924）。言者显形时，道义情态句实际上体现出的是 ECM（exceptional case—marking，额外格赋予）结构。

由于论元的句法凸显性由题元的凸显性所决定（Jackendoff，1992），而“债务人”的论元凸显性层级高于“债权人”，因此，当道义情态句出现了唯一一个论元时，这个论元的题元角色必然是“债务人”，这个过程体现了凸显性较高的题元角色对凸显性较低的题元角色的抑制作用。（Rizzi et al.，1988）

凸显性是一种相对性性质，即其高低属性并非有着绝对性的解读，而是受到具体句法环境的限制。例如，当客体与施事共现时，施事实现为主语，客体与受事共现时，客体实现为主语。

4.2 情态词的论元结构

本书假设，在题元角色的数量上，认识情态没有题元角色需要分配；道义情态/条件情态有两个题元角色需要分配，其中一个可以由 PRO 承担；动力情态只有一个题元角色需要分配。

根据UTAH，相同的题元关系在表层结构可能存在差异，但在底层结构中却表现一致的结构关系。认识情态与非认识情态的论元结构体现了两种不同的缺位映射：认识情态句的主句发生代词脱落，主句主语位置上有一个隐性主语pro，成为施事角色映射的对象；非认识情态句的从句主语位置上有一个空代词PRO，来承担施事角色。

4.2.1 道义情态词的题元角色特征

认识情态动词可以带空主语，而道义情态与动力情态主语位置上的成分总是受到一定的语义制约，即“主语有生性”，这一点在英语中也同样适用（例句改编自波特纳，Portner，2009）：

(8) a. *There might be a heavy rain coming.*

b. *There must be a teacher coming.*（#*deontic*）

c. *There can be a student running on the playground.*（#*dynamic*）

“条件情态”则不依赖于主语有生性，这是由道义情态与条件情态的语义内涵差别所决定的：道义情态的本质是要求至少有一个道义的承受者，无生主语显然不能完成这一任务。而条件情态的本质是主语在满足特定条件下能够达成某一状态或完成某种动作，并不需要借助有生主语就可以实现。

综上，我们可以从两个角度来区分真道义情态与条件情态：

(9) 真道义情态与条件情态的区分标准

A. 最高主语是否具有有生性：[+有生主语] → [道义] / [−有生主语] → [条件]

B. 是否有一个隐形的道义来源：[+道义来源] → [道义] / [−道义来源] → [条件]

C. 是否有对应的ECM结构：[+ECM] → [道义] / [−ECM] → [条件]

标准 A 中的“最高主语”指的是两种“最高”的统一：既在句法结构中位置最高，同时也是题元凸显性层级中地位最高的主语，类似句(2b) 中表面位于主语位置，实际上是动词的受事宾语，则不属于“最高主语”(句子复述如下)：

(10) a. 应该为欧洲人民和欧洲社会而制定宪法。

b. 可以适当放宽残疾儿童、少年接受义务教育的入学年龄。

c. 可以把东西放起来。

标准 C 并非对于所有道义情态词都适用，但一旦具有 ECM 动词形式，则必然是道义情态而非条件情态。

汉语中具有 ECM 用法的道义情态词主要包括：

(11) 要、需要、不许、不准、不用、用不着

上述道义情态词均可实现两种结构：

①控制动词，“债权人”隐形，根据凸显性的相对性性质，此时“债务人”移动到施事主语位置，获得主格标记：

(12) $[_{TP}\varnothing\ [_{ModP}\ [\mathrm{Modal}^{DEO}\ [_{VP}\cancel{DP}_{[Obligor]}\ [_{VP\cdots}]\ ]\ ]\ ]\ ]$

$[_{TP}\mathrm{Subj}_{[Obligor]}\ [_{ModP}\ [\mathrm{Modal}^{DEO}\ [_{VP}\mathrm{PRO}_{[VP\cdots]}]\ ]\ ]\ ]$

②ECM 动词，“债权人”显形并获得主格标记，“债务人”获得宾格标记，PRO 与“债务人”形成同指，同时获得嵌入谓语的主格：

(13) $[_{TP}\ \mathrm{Subj}\ [_{ModP}\ \cancel{DP}_{[\cancel{Obligee}]}\ [\mathrm{Modal}^{DEO}\ \mathrm{Obj}\ [\ [_{VP}\ \cancel{DP}_{[\cancel{Obligor}]}\ [v\cdots]\ ]\ ]\ ]\ ]\ ]\ ]$

$[_{TP}\ \mathrm{Subj}_{[Obligee]}\ [_{ModP}\ [\mathrm{Modal}^{DEO}\ \mathrm{Obj}_{[Obligor]}\ [_{VP}\ \mathrm{PRO}\cdots]\ ]\ ]\ ]$

由 PRO 来获得主格指派，这样可以避免“债务人”同时获得两个题元角色，导致违反 θ-准则（Chomsky，1981）。

如何证明道义情态词必然包含一个隐性的论元呢？可以通过从句主语位置上的空代词 PRO 的约束限制条件来测试，如克拉策（1991）区分了两种不同的论元结构：

（14） a. The books$_i$ can be sold (to costumers$_j$) without PRO$_j$ reading them.

b. * The books$_i$ might have been sold (to costumers$_j$) without PRO$_j$ reading them.

句（14a）中 *can* 的用法为道义情态用法，句（14b）中 *might* 的用法为认识情态用法。两组句子对比可知，道义情态动词从句主语 PRO 能与主句动词中隐含的一个施事角色（即 *costumers*）形成共指，而认识情态不具有这样的能力。进而可以假设：道义情态句中要有一个隐性论元，不与最高主语形成共指，而与 PRO 共指，从而满足约束三原则中的原则 A：照应成分要在统制域内受到约束。

（15） 顾客$_i$ 应该把 PRO$_{i/*j}$吃完的盘子送回餐具回收站。

我们还可以用道义情态的凸显性层级分析“债务人”与“债权人”均为隐性形式的零主语情态句：

（16） 应当充分运用各种宣传工具，反复宣传，使之深入人心，变成群众的自觉行动。

（17） 应该最大限度地挖掘和发挥各种现有的和潜在的教育资源。（CCL 语料库）

由于“债务人”的凸显性高于“债权人”，因此，如果为以上道义情态句补上主语，主语必须获得“债务人”的题元角色：

(18) 国家$_{[Obligee]}$应当充分运用各种宣传工具，反复宣传，使之深入人心，变成群众的自觉行动。

(19) 教育部$_{[Obligee]}$应该最大限度地挖掘和发挥各种现有的和潜在的教育资源。

4.2.2 道义情态词的论元结构与隐性施用句

有一类道义情态句，主句主语位置上的名词性成分符合最高主语的定义，但同时为无生主语：

(20) a. 教育$_i$ 应该$_{DEO}$ [PRO$_i$ 从人的需要出发]

b. 物价$_i$ 要$_{DEO}$ [PRO$_i$ 同当地的收入水平呈正比]

那么，这种现象是否与真道义情态的区分标准 A 冲突呢？本书认为，句（20）的底层结构中仍然包含了一个隐性的“债权人”，该句预设的听者不是“教育”和“国家”，而是一个隐藏的有动作执行能力的有生主语。因此，句子可以还愿成“债权人”显形的结构：

(21) a. 教育部$_{[Obligee]j}$应该$_{DEO}$使/让/令教育$_{[Obligor]i}$ [PRO$_i$从人的需要出发]

b. 发改委$_{[Obligee]j}$要$_{DEO}$使/让/令物价$_i$ [PRO$_i$同当地的收入呈正比]

而与之相对的，条件情态句不能还原成类似的结构：

(22) a. 水会在零度以下结冰。

b. * [主语] 会使/让/令水在零度以下结冰[①]。

菲尔墨（Fillmore，1968）从介词选择的角度分析了名词短语与题元

① 此处句子补全任意形式的主语，句子都只能作“会”的允诺义理解，而非条件情态义：
a. 允诺义：我会使/让/令水在零度以下结冰，（→你就放心好了）
b. 能力义：我会使/让/令水在零度以上结冰，（→因为我会变魔术）

角色的关系：在底层结构中，与施事有关的介词是 *by*，与目标有关的介词是 *to*，与工具有关的介词是 *with*。从底层结构到表层句法形式的转换中，承载题元角色的名词短语用作主语或宾语，前边的介词随之被删除。将句子还原成介词浮现的语序后，可以一窥底层结构中介词的位置与作用。

之所以要借助“使”这类语法标记，是因为除了前文总结的 ECM 类道义情态词外，绝大部分情态动词都没有单独为“债务人”添加宾格标记的能力，因此，需要通过介词（或轻动词）来与名词性论元发生关系，这类语法标记主要有以下几个成员：

（23）让、由、给、使

这些词的本质是什么呢？蔡维天（2016）提出，汉语中存在一种隐性施用句式：

（24）这次台风［$_{\text{CAUSE}}$让［$_{\text{IP}}$老机场［$_{\text{VP}}$摔了［两架飞机］］］］。

（25）这次台风摔$_j$了老机场 t_j两架飞机。

在标句层范畴内，存在一个以“让”为中心语的外轻动词组，能够吸引 VP 中的动词“摔”提升到该位置，形成使动句式。

本书认为，道义情态句中这类可隐现的施事引介标记可以分析为一个以 CAUSE[①] 为中心语的轻动词。与句（24）中的外轻动词“让”字的相似功能在于：为后边的名词成分赋予一个非宾语的主事角色。不同之处在于：外轻动词“让”能够选择一个“非施事的使事者”做主语（蔡维天，2016），而内轻动词“让”只能选择施事者为主语。

从句（21）的句法结构中可以看出，“让、由、给、使”这类语法标记实则上是充当了 ECM 动词的用法，位于情态动词之后，同时为其后边的成分赋予役事宾格角色，如果将情态词短语 ModalP 放大来看，则可以

① 根据动词的事件意义，可以将其概括为四类，分别用大写的英文字母来表示：BE、DO、BECOME、CAUSE。（Chomsky，1995；Huang，1997）在一个表示使役的事件中，由两个轻动词 CAUSE 与 BECOME 共同表示事件的因果关系，前者表示因，后者表示结果。（邓思颖，2019）

发现赋格标记成为中心语成分，而情态动词失去为宾语赋格的能力，“退居”为非中心语成分。

施事引介轻动词短语、ECM类、非ECM类道义情态动词短语结构对比如下：

（26）施事引介轻动词短语

a. 应该使/让/令张三值日。

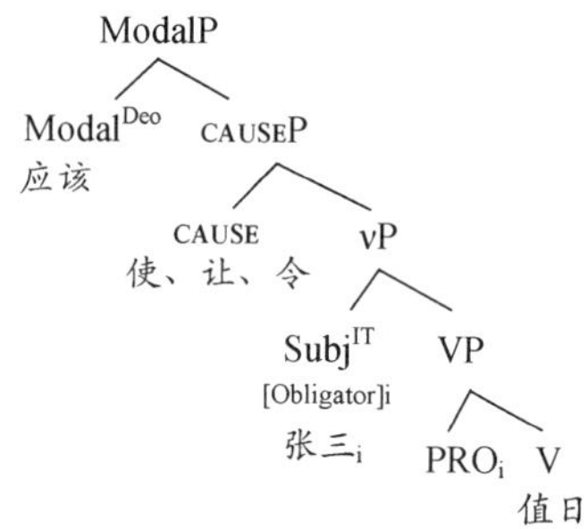

（27）ECM道义情态动词

b. 我需要张三值日。

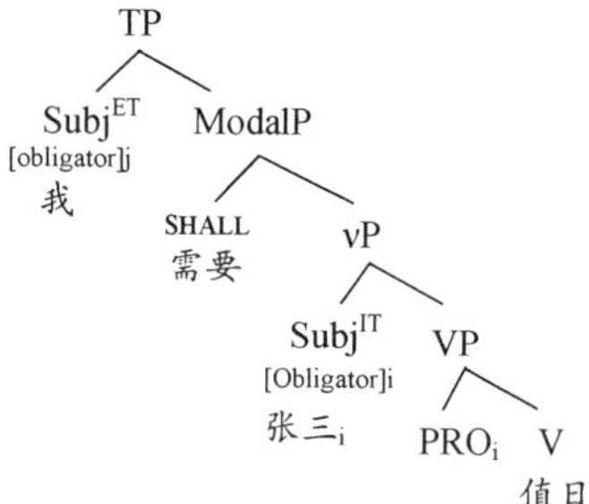

ECM类道义情态动词能够为一个短语内部的两个论元指派题元角色，内主语（记作Subj^{IT}，IT=internal）获得“债务人”角色，外主语（记作Subj^{ET}，ET=external）获得“债权人”角色。VP事件主语要与债务人同指，即动词动作由道义情态动词的宾语来完成。

（28）非ECM道义情态动词+施事引介轻动词（隐形）

c. 应该张三值日。

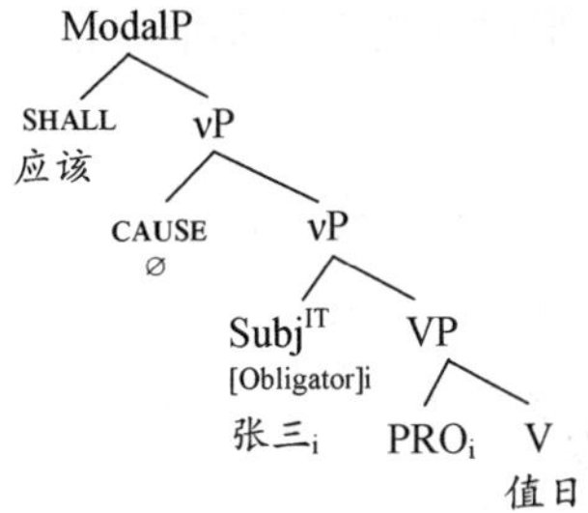

当施事引介轻动词隐形时，作为“债务人”的内主语就可以提升到外主语的位置，留下的语迹继续约束 PRO。

(29) a. 应该［张三$_i$［PRO 值日］］。

b. 张三应该［t_i［PRO_i值日］］。

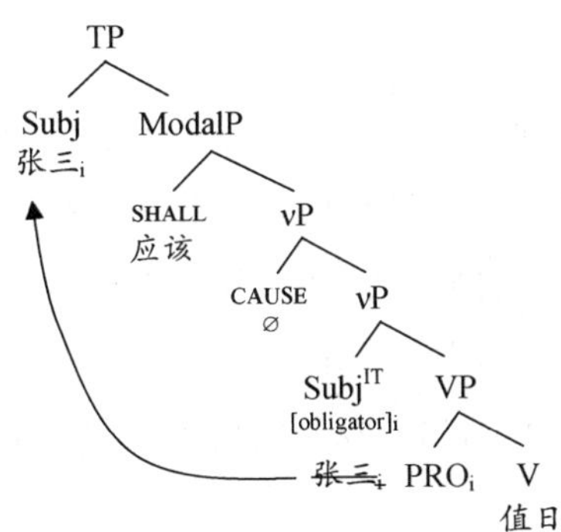

(30) 非 ECM 道义情态动词＋施事引介轻动词（显形）

d. 我应该让张三值日。

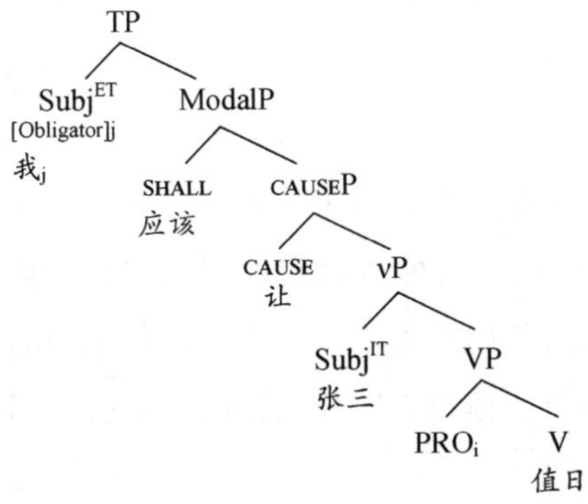

当施事引介轻动词显形时，内主语不能发生提升。

（31）a. 应该让［张三$_i$［PRO 值日］］。

b. ＊张三应该让［t_i［PRO_i值日］］。

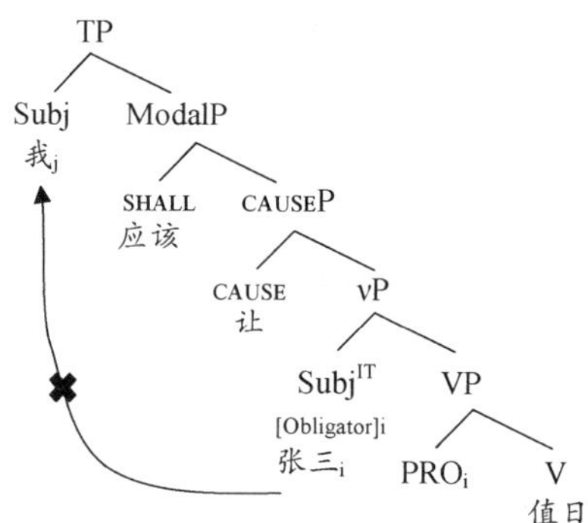

这一现象可以从两种角度进行解释。一种从移位动因出发，当施事引介词为从句主语“张三”赋予宾格时，“张三”就没有必要继续进行提升操作。另外一种分析就是将施事引介词分析为控制结构中的一种特殊的从句标记词 C，相当于英语当中的 *for*。

安娜（Anna，2010）指出，控制结构中从句标记词的显隐与主语外析的操作有关：

（32）a. John arranged [$_C$ [$_I$ PRO to win the prize]].

b. John arranged [$_C$ *for* [$_I$ Peter/ * PRO to win the prize]].

c. * Who did you arrange [$_C$ for [$_T$ ~~who~~ to leave]]?

（例句来自 Anna，2010）

上述句子的对比说明，若非限定从句标记词 *for* 在从句中显形，则会导致主语（*Peter* 或 *who*）的外析得到拦截。因此，施事引介轻动词能够将主语“留在”从句内部的能力，实际上是拦截作用的结果。

当在句中插入一个“债权人”外主语时，则引介标记不可省略：

（33）a. 我$_{[Obligor]}$可以让小明去北京。

b. *可以我$_{[Obligor]}$让小明去北京。

c. *我$_{[Obligor]}$可以小明去北京。

（34）a. 你$_{[Obligor]}$应该让他担任大厨。

b. *你$_{[Obligor]}$应该他担任大厨。

原因在于，当“债权人”出现在句中时，此时道义情态动词赋予主格标记的位置已被占据，则“债务人”不能再提升到这个位置，而只能被引介义轻动词赋予宾格标记。因此，引介标记的省略会导致不合法结构。

由于施事引介轻动词引入的主语要满足完成从句谓语行动的能力，因此，显形形式选用哪一个词还要视具体语境而定。对比以下几组句子的语感：

（35）a. 可以小明去北京。

b. 可以让/叫/由小明去北京。

（36）a. 应该他担任大厨。

b. 应该让/叫/由他担任大厨。

（37）a. 得张三负责这件事。

b. 得让/叫/由张三负责这件事。

以上句子的 a、b 两组均为合法句式，但从语感判断上，b 组略微优于 a 组。这说明引介标记的选择一定程度上要与其后的谓语动词进行语义匹配，当动词事件体现出一定的施动性或主动性（句 36、句 37）时，“由”的使用更加合乎语感。

动力情态词基础生成于最低的位置，因此，其必然低于道义情态词短语中心语：

（38）a. *肯（由）张三值日。

b. *肯（让）老板亲自来参观。

c. *敢（令）他来吃这碗饭。

动力情态动词具有直接指派论元的能力，主语获得施事/主事的题元角色后，整个动词短语的论元结构已经完整（记作 v^*P），根据语段不可渗透原则（Chomsky，2000），动力情态动词的主语不能再从 v^*P 语段内移出。

4.3 余论与总结

综合前人学者研究以及上文分析可知，认识情态词无法为它的域外论元指派题元角色，当道义情态词的主语位置上不为空范畴时，赋予施事论元角色。

道义情态句包含两个题元角色：“债务人”与“债权人”。“债务人”的题元层级最高，句法投射优先处理，因此，“债务人”的插入会对“债权人”产生抑制作用。

具有致使义的施事引介轻动词能够充当中心语，此时短语被加标为轻动词短语。当道义情态词为 ECM 动词时，本身就可以完成赋格的操作，因此，ECM 道义情态词可以用作主要动词，充当情态词短语中心语。这一现象说明，不能笼统地将所有道义情态词都处理为与主要动词地位等同的句法成分，而是要结合具体的情态词使用情况分类讨论。

道义情态动词不能独立完成赋格操作与其词类特性有关，蔡维天（2016）在谈及助动词与轻动词的功能差异时，提到轻动词的主要功能为在指示语位置上引介域外或施事论元，而助动词则不具有这样的功能。因此，ECM 道义情态短语的中心语的本质更接近于动词，非 ECM 道义情态词更接近于助动词，施事引介标记本质更接近于轻动词。

ECM 道义情态词能够独立为宾语位置上的名词成分赋格，而非 ECM 道义情态词联合助语法标记共同赋格，形成完整的情态词短语映射。

关于 ECM 道义情态词具有的及物性，这点可以从历时发展的过程来寻得踪迹：许多道义情态词都经历了由后接宾语从名词向动词扩展这一变化过程。如“须”的本义是等待（朱冠明 2003）：

(39) 人涉卬否，卬须我友。(《诗经·邶风》)

在［等待＋NP］的基础上，发展出［有待于＋VP］的含义和用法。

另一个常见于道义情态构词语素的“必”字，最早能和名词短语直接结合，表达“必然是 NP”的含义：

(40) 襄子曰：“此必豫让也。”(《战国策》)

在英语当中，道义情态词的实义动词用法也可溯源到及物性动词。特劳戈特（1989）指出，英语中的情态动词 *should* 最初作为实词使用，表示“欠”或“具有价值”。在古英语时期，实词 *should* 语法化为弱道义性情态动词。认识情态动词 *should* 由相应的弱道义性情态动词语法化而来，并沿用至今。从弱道义性情态发展为或然性认识情态的语法化路径也出现在俾路支语和希腊语中（Bybee et al.，1994）。

同时，上述分析也支持了关于情态词短语结构中心语的论述，在认识情态词短语中，也能观察到类似的结构（语法标记为“是”“有”），详见第六章关于焦点情态句的讨论。

第五章　情态词的否定式

5.1　情态词的极性特征

情态词主要有两种否定形式：未然否定词“不”和已然否定词“没”，前者句法位置更加灵活，而后者通常要在要 TP 内与句法成分进行结合。（蔡维天，2010）情态动词中广泛存在着一种“肯定与否定不对称”的现象，否定结构并非由肯定形式与否定标记简单相加，主要有以下例子（尹莼榕，2013）：

（1）要$_{DYN}$→不想、不打算

要$_{DEO}$→不用、用不着

得$_{DEO}$［děi］→不用、不必

能$_{DYN}$→V 不 C

可以$_{DEO}$→不能、不许、不准（＝不可以）

可以$_{DYN}$→不可能

情态词的肯否不对称具体表现为两种形式：一种是存在与肯定意义相关联的否定结构，但不使用原情态动词，而是使用另外一个词项来形成否定结构，典型例子有：要、能、得［děi］、可以（鲁晓琨，2001）。另一种是只表现出肯定极性或否定极性的极性特征来，即只存在肯定结构或只存在否定结构。

“极性特征”指的是一个词以肯定形式或否定形式出现的可能性，以

否定形式出现的频率较高的词为否定极性词（negative polarity items，下文简称为NPI），也被称为“负极词”，以肯定形式出现的频率较高的词为肯定极性词，即“正极词”，并未表现出明显肯定或否定极性倾向的词称为弱极性词。

林刘巍（2019）统计了情态动词[①]的极性特征，结果如下：

（2）正极情态动词：

要$_{DYN}$、必须、得$_{DEO}$［děi］、应该$_{EPI}$、应当$_{DEO}$、应$_{EPI}$、要$_{EPI}$、得$_{EPI}$［děi］、准$_{EPI}$、肯定、必然

（3）负极情态动词：准$_{DEO}$、许、敢、用$_{DEO}$、得$_{DEO}$［dé］

其余情态动词则具有弱极性或不具有明显的极性特征。

可以看出，正极情态词以认识情态词占多数，而负极情态词则均为道义情态词。还有一类情态词的否定形式较为特殊，是由单个语素来表达完整的［否定＋道义情态］义：

（4）古代汉语：莫、勿、毋、休

现代汉语：别、甭、嫑（北方方言口语）

由于上述情态动词本身就包含了否定义素，且不能再还原成更小的肯定义形式，所以也可以视作一种特殊的负极情态词。

具有强极性特征的情态词本身可以被强极性副词所修饰，如下列否定极性情态副词（郑剑平，1996）：一概、截然、绝、毫、断、压根、万万、再也，均可用在强极性的道义情态动词前，但不能用于弱极性情态动词前：

（5）a. 正极情态动词：一概/千万/绝对＋要$_{DYN}$、必须、得$_{DEO}$［děi］＋VP

b. 负极情态动词：一概/千万/绝对＋不准/不许/别/甭＋VP

c. 弱极性情态动词：一概/千万/绝对＋＊可以$_{DEO}$

① 部分词语按照本书的词类划分标准应属情态副词，如“肯定”“必然”等，此处为完整引用，仅用于参考极性分类，不代表本书在词类的划分上同意这种操作。

从（5b）可以看出，否定极性副词通常出现在否定成分的外域，符合［否定极性副词＞否定标记＞否定极性动词］的共现语序。

此外，“一概”“千万”等带有道义劝勉义的情态副词均为VP副词（徐晶凝，2008），因此，它不能与认识情态动词连用，尽管认识情态动词可能表现出强极性特征来：＊一概应该$_{\text{EPI}}$。这一现象亦符合情态词的句法层级序列预测的情形：

认识情态副词＞认识情态助动词＞道义情态副词＞道义情态助动词（蔡维天，2010）。

5.2 情态词否定结构的句法特征

笔者基于刘月华（2007）、尹菀榕（2013）、徐晶凝（2022）、林刘巍（2019）等人的研究，以“不”“没”为关键词，检索了BBC、CCL语料库中情态词与否定词的搭配使用状况，考察结果整理如下：

表5-1 情态词的否定结构①

		肯定式	否定式	×不×②	不×不	肯否不对称	“×不×”发生变形
认识	可能$_{\text{EPI}}$	可能	—	—	—	—	
	应该$_{\text{EPI}}$	应该	—	—	—	—	
条件	会$_{\text{CIR}}$	会	不会	＋	—	—	—
	可能$_{\text{CIR}}$	可能	不可能	＋	—	—	—
	能$_{\text{CIR}}$	能	不能	＋	—	—	—
	要$_{\text{CIR}}$	要	—	＋	—	—	—
	可以$_{\text{CIR}}$	可以	不可以	（＋）	—	—	可不可以

① 此外，还有一些特殊的情态词否定义结构，如“非V不可”“V不了”“V不得”等，由于这些结构本身有着比较独特且复杂的构式成因，本书暂且未能覆盖到，这也是留待日后讨论的方向之一。

② 以括号加注的加号“（＋）”标示该词的“×不×”结构不能用于句首引导是否问句，只能用于句中对动词短语进行提问。

续　表

		肯定式	否定式	×不×②	不×不	肯否不对称	“×不×”发生变形
道义	可以$_{DEO}$	可以	不可以	(+)	−	−	−
	可$_{DEO}$	可	不可	−	+	−	
	需要	需要	不用	(+)	−	+	需不需要、用不用
	应该$_{DEO}$	应该	不应该	+	−	−	−
	该	该	不该	+	+	−	−
	用$_{DEO}$	−	不用	+	−	+	用不用
	能$_{DEO}$	能	不能	+	+	−	−
	当	当	−	−	−	+	
	得$_{DEO}$［dé］	−	不得	−	+	+	
	准$_{DEO}$	−	不准	−	−	+	
	得［děi］	得	−	−	−	+	
	别	−	别	−	别不	+	
	甭	−	甭	−	甭不	+	
动力	肯	肯	不肯/没肯	(+)	−	−	−
	敢	敢	不敢/没敢	(+)	+	−	敢不敢、*敢没敢
	会$_{DYN}$	会	不会	(+)	−	−	
	能$_{DYN}$	能/会	不会/V不C	(+)	−	+	会不会

从上表我们可以总结出几条规律：

(6) 情态动词否定结构基本特征：

(一) 根情态，包括条件情态、真道义情态与动力情态，基本都能转化成“×不×”的格式，“肯否不对称”的根情态除外；

(二)“肯否不对称”广泛分布在真道义情态与动力情态当中；

(三) 动力情态词的“×不×”形式不能用于对句子的提问，只能用于对谓语的提问；

（四）负极情态动词（NPI）只分布在真道义情态当中。

关于特征（一），“应该$_{EPI}$”不存在否定形式，即“不应该”总是倾向于解读为“应该$_{DEO}$”：

（7）a.（看天气）应该$_{EPI}$明天要下雨了。

b. *不应该$_{EPI}$明天要下雨了。

（8）a. 我应该$_{EPI}$能$_{CIR}$按时到。

b. *我不应该$_{EPI}$能$_{CIR}$按时到。

而认识情态“可能$_{EPI}$”则较为复杂，看似存在两个否定式“不可能”和“没可能”，但仔细观察，“可能$_{EPI}$”与“不可能”“没可能”存在句法地位不对称的问题：

（9）陈述句：a. 可能小张来了。

b. 不可能/没可能小张来了。

（10）揣测问：a. 可能我们以前见过面？

b. *不可能/没可能我们以前见过面？

（11）单独作谓语回答问句：—这房子五百万元能拿下吗？

a. —五百万元不可能。

b. —*五百万元可能。

c. —五百万元能。

丹尼斯（Denis，1995）提出：句类否定标记（sentential NEG markers）必须要在时制辖域以内①，就是说，时制要占据高于否定词的位置，否则句子不合法。

（12）a. **The kids not read that page.*

b. *The kids did not read that page.*

① 谓词否定标记必然位于时制节点以下，故无须特意讨论。

c. ＊*The kids read not that page.*

从句（10）—（12）可以看出，“不可能”仍然要在时制的辖域之内，根据情态词层级序列假设，“可能$_{EPI}$”是在高于 TP 的句法位置上，这也说明，“不可能”并非由“可能$_{EPI}$”添加否定标记而来，本书认为，“不可能”是由条件可能“可能$_{CIR}$”添加否定前缀而来。

“没可能”则是更加特殊的结构。彭利贞（2007）在分析否定词对多义情态词的语义滤度时，提到否定词“没”＋情态词做谓语的结构：

（13）a. 能够充当谓语：没可能、没必要、没（个）准儿

b. 不能充当谓语[①]：没能、没敢、没肯

句（13a）中的否定结构对应的肯定结构是将“没”换成“有”，有可能、有必要、有个准儿，但二者地位并不完全对称，表现为肯定形式能够用于问句，而否定形式则不能用于问句：

（14）a. 他有可能在天黑之前到家吗？

b. ＊他没可能在天黑之前到家吗？

（15）a. 你有必要这么大嗓门说话吗？

b. ＊你没必要这么大嗓门说话吗？

（16）a. 小李的话有个准儿吗？

b. ＊小李的话没个准儿吗？

通过平行对比，“没可能”中的“可能”在这里更倾向于体现名词性成分的性质，即与“$_{NP}$必要”“$_{DP}$（个）准儿”地位相同。虽然名词性“可能$_{NOUN}$”与情态动词义的“可能$_{EPI}$”在语义地图上可能建立起联系，但不能将两者的功能混同。一个原因在于情态动词能够独立表达情态义，而“可能$_{NOUN}$”“必要$_{NOUN}$”不能独立表达情态义；再者，情态动词的是否问形式通常是“×不×”结构，而“有/没”＋名词性情态词的是否问形式

① 类似“蹦迪，我没敢”这类句子，宜分析为谓词补足语的话题化提升。

为“有没有”＋“可能/必要”。

因此，“没可能”不能分析为情态动词“可能$_{EPI}$”与否定词直接进行结合的否定结构，而宜分析为否定词“没”与名词义“可能$_{NOUN}$”结合而成的短语性修饰语，能够表达情态义，类似英文中的 *by no means/in no way*。

短语性认识情态“有可能$_{EPI}$”能够出现在主语之前，而短语性道义情态“有必要$_{DEO}$”只能出现在主语之后：

（17）a. 他有可能已经来了。

b. 有可能他已经来了。

（18）a. 她有必要立刻做出回复。

b. *有必要她立刻做出回复。

同时，“有可能$_{EPI}$”后的成分可以搭配“了”“过”等时体标记，而“有必要$_{DEO}$”后边的成分则不允许与过去时制共现：

（19）a. 他有可能吃过饭了。

b. *他有必要吃过饭。

因此，虽然“没可能”并不能视作情态动词“可能”的否定形式，但这类“有/没＋Modal$_{NOUN}$”成分的句法生成过程或与情态动词本身的位置和特征不无关系，这一点有待进一步研究。

综上所述，认识情态动词不存在严格意义上的否定形式，这也是区分认识情态动词与根情态动词的重要特征之一。

关于特征（二），鲁晓琨（2004）认为，导致道义情态词出现肯否不对称的原因在于：情态动词经过否定后的语义发生了重叠。尹蒞榕（2013）认为否定能够使情态动词原本的词义进行“向下延伸”，从量级的角度诠释了情态词肯定、否定词义跨目重叠的可能性，说明“量幅性”是道义情态词与动力情态词的特征之一，亦可理解为梯级强度在同类情态词之中的平行体现。

关于特征（三），“×不×”可以分析为焦点算子结构，其句法位置与说话者想要提问的对象是个体、动作还是整个命题有关。由于命题焦点算子要在 CP 以上的位置成分统制其焦点成分（Jackendoff，1972；Aoun et al.，1993；Bayer，1996），而最小的命题性成分为 ν＊P，高于动力情态所在节点，因此，动力情态不能进入句首“×不×”结构，换句话说，动力情态的是否问形式不能对命题发起提问。

关于特征（四），NPI 只能分布在真道义情态词当中，这一点对于拟定否定词与情态动词的相对位置关系尤为重要。

莫兰黛、史波雷德（Morante，Sporleder，2012）认为：否定极性词仅能出现在否定性成分的辖域内[①]。董秀芳（2002）也指出，只有否定词作为首码的否定结构“不＋V/形容词”才能发生词汇化现象。结合 NPI 在情态词中的分布，可以看出“否定＋根情态”是一个具有能产性的句法环境，而认识情态则没有类似的语法化条件。

依据这些现象，本书猜测：只有道义情态词与否定词存在辖域上的重叠（或毗邻）关系。因此，有且仅有必要在道义情态词存在的句法层级，即屈折层，为否定词专门预设一个句法节点。

5.3 否定词与情态词的句法位置关系

生成句法学家认为，在 TP 以下、VP 以上有一个否定词短语 NegP。

否定词短语的句法位置（Pollock，1989；Chomsky，1991）：

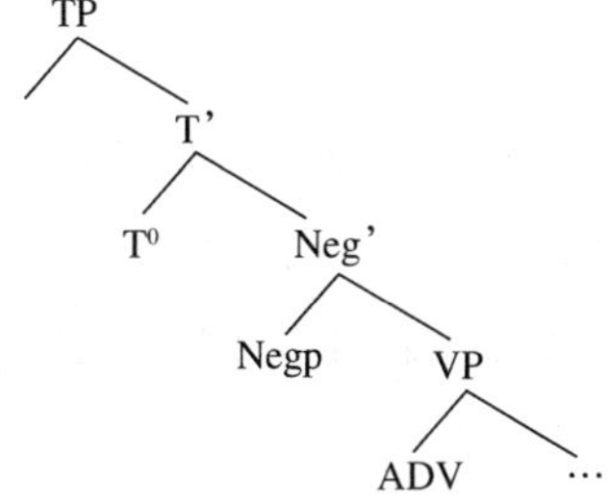

① 原文为：NPIs felicitously occur only in the scope of some negative element，such as didn't.

在否定词短语 NegP 中，Neg 是中心语，且是 T^0（Tense）的补足语（Pollock，1989；Chomsky，1991）。

回顾巴特勒（2003）的情态词句法层级序列假设，一个位于 TP 以上的高位否定词节点被提及：

（20）认识必然＞否定词＞认识可能＞（强）主语＞根必然＞否定词＞根可能＞νP

巴特勒认为，存在一个“认识情态＞根情态”的序列，同时在各自的高低域内，情态必然与情态可能以否定词为轴呈左右分布，辖域分析如下：

（21）道义情态：

a. The children mustn't do that in here.

主语＞根必然＞否定词

b. The children can't do that in here.

主语＞否定词＞根可能

在辖域的判断上，除了英语母语者的语感外，还借助了逻辑工具（“¬”表示逻辑非，“□”表示全称量化，“◇”表示存在量化），全称量化的否定方法是在存在量化前面加否定，即外部否定：

（22）¬［MUST］＝ mustn't ＝ □ ¬ → root necessity＞negation

¬［CAN］＝ can't ＝ ¬ ◇ → negation＞possibility

然而以上是从逻辑语义的层面进行的推断，在句法层面上，not 的否定缩写形式都是以后缀的形式附着在情态助动词上的，must not 与 can not 两者之间，观察不到情态词与否定词相对顺序的区别。

（23）认识：

a. * The registrar needn't have got my letter.

* 否定词>认识必然

b. The registrar can't have got my letter.

否定词>认识可能

c. The registrar mustn't/mightn't have got my letter.

认识必然/可能>主语>否定词

句（23a）不合法，这说明否定词不能统辖认识必然，而否定词辖域又高于认识可能，因此，得到“认识必然>否定词>认识可能”的序列。又根据主语的相对位置，得出存在两个高低位否定词的结论。

然而，依据 5.2 部分的讨论，我们观察到至少三种现象与上述结论相左：

一、当情态动词与否定词连用时，否定词一定占宽域。

情态动词单一否定形式通常有两种结构：

第一种，“不+情态词+VP”或“情态词+不+VP”：

（24）a. 情态词+不+VP：张三可能不来了。

b. 不+情态词+VP：张三不可能来了。

陈莉、李宝伦与潘海华（2013）认为，“不+情态词”的结构中与“情态词+不”中的情态词有着不同的句法地位。位于否定词之前的情态词为情态动词，“不”相当于要与后面的主要动词进行结合；位于否定词之后的情态词为情态助动词。

第二种则包含了两个否定词，它们分别位于情态词之前与之后的双重否定结构，典型例子有：不能不、不会不、不可以不。

（25）情态词的双重否定：

$Neg_1 + Modal_1 + Neg_2 + VP/AP/NP$

宋永圭（2004）指出，上述结构宜分析为［Neg_1 + Modal］+［Neg_2 + VP］的二分结构。原因一在于［Neg_1 + Modal］与［Neg_2 + VP］

之间可以插入一个其他成分，而 Neg_1 与后边其余成分之间不能再插入其他成分：

(26) a. 项目评估主要是经济评估，但也不能完全不考虑其他因素。

b. ＊项目评估主要是经济评估，但也不完全能不考虑其他因素。

(27) a. 你不能一点儿不考虑对方的想法。

b. ＊你不一点儿能不考虑对方的想法。

原因二在于情态动词与后面的谓语部分表达的事件存在着内在联系，因此，对 Neg_2 具体能够选择何种否定词有着一定制约。在其他词的双重否定中，Neg_2 可以实现为“没”，而情态词的双重否定结构中，Neg_2 只能为“不”[①]：

(28) a. 张三不能不吃晚饭。

b. ＊张三不能没吃晚饭。

以上例子说明，情态词的双重否定结构“Neg_1＋Modal＋Neg_2”的第二个否定部分要受制于前一个否定部分，即在 Neg_1 的统辖范围内，而情态词又在 Neg_1 的统辖范围内，所以即使“不×不”能够拆分成“不”＋情态词＋“不”，看似存在一个“情态词＞不”的部分序列，但从整体结构来看，情态词仍然要在否定词的辖域内。

从上述分析以及表 5-1 中罗列的事实可知，为认识情态单独设定否定词的映射节点欠缺一定的必要性。一方面，认识情态没有严格意义上的否定式，语序中出现“情态动词＋否定词＋V”时，语法学家倾向于将否定词分析为动词的否定前缀，而非情态动词的否定后缀。相比起根情态词当中大量的 NPI 与广泛分布的肯否不对称特征，认识情态词在“形态-句法”接口上并未体现出与否定标记的密切互动来。因此，本书不认同高位否定

① 在一种特殊的情况下，Neg_2 可以实现为“没”，就是“不＋能＋没（有）＋NP”，然而笔者认为“没有”可以理解为一个完整的词，在此处用作主要谓词，结构即可分析“不＋能＋VP”的单否定结构。

词的假设。

二、情态必然与情态可能在汉语表层句序中，并未体现出以否定词为中心的轴对称分布。

上个部分提到，认识情态只能分布在“否定词＋动词”结构的宽域，而道义情态总要在否定辖域内，强度梯级的选择并不能改变辖域关系。况且，由于情态词连用自身就要受到情态词共现限制条件的约束，“情态必然＋情态可能”的搭配大概率违背限制条件 C，即：同类情态动词共现时，语义内涵不能冲突。这也意味着，我们在自然语言现象中，既找不到“情态必然＋否定词＋情态可能”[①] 的例子，也很难找到“情态可能＋否定词＋情态必然”的反例，而这种情况并非与否定词有关，而是受到其他限制条件的制约。

三、当认识情态副词与情态动词共现时，通常可以观察到“情态副词＞否定词＞情态动词”的语序：

(29) 他一定$_{EPI}$不$_{Neg}$会$_{CIR}$答应你的条件。

小李大概$_{EPI}$不$_{Neg}$肯$_{DYN}$出现了。

上述例子是情态副词与情态动词分布在两个以上短语结构中的共现现象。苏建唐（2013）则通过对闽语道义情态词“通”的分析，发现在同一个情态词短语（或否定词短语）内部，情态副词与情态动词也能以否定词为中心呈左右分布，情态副词充当否定词修饰语，情态动词为否定词的补足语：

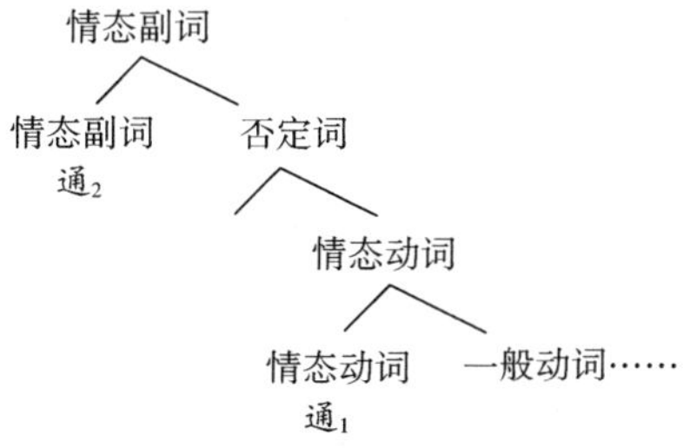

① 这里要求情态必然、否定词与情态可能同时位于一个功能句法层内，这样才能分别验证高低位否定词的位置。“认识必然＋否定＋道义可能”的搭配跨越了功能句法层，因此，不能用来说明问题。

闽语中的多义情态词“通”意为“可以”，有情态副词与情态动词两种用法，情态动词用法能够用于双重否定以及否定祈使句中，而情态副词用法则排斥“前接否定”的用法，只能允许否定词出现在情态词的后边。

综合以上三点，本书认为，应当重新拟构一个包含否定词位置的情态词层级序列：

（30）情态词的层级序列（2.0）：

认识动词＞时制＞根副词＞否定词＞根情态＞vP

相比巴特勒（2003）的分析，本书放弃了对于高位否定词节点的假设，同时不主张情态词的强度梯级分类在句法上有着对应分布。这样的修正更符合汉语语言现象中情态词与否定标记分布的规律，同时也能从历时角度的语法化分析中得到呼应。

宋永圭（2004）提出：否定对多义情态动词的情态解读只存在倾向性的影响，在这些格式中，多义的情态动词要得到确切的情态语义解读，还需要加入其他更多的参数，如主语的特征、句中主要谓词的特征等。对句法环境中各种成分探讨得越细致，对于构建一个完整的情态词句法层级序列就越有帮助。

第六章　焦点情态句

在前面的章节中，我们讨论了基础情态句中情态词与其他句法成分的相对关系。制图法认为，情态词基础生成在两个不同的句法层内，而焦点情态句指的是在句中有显形焦点结构的情况下，部分句法成分发生移位后形成的新结构。在这类结构中，基础情态句体现的层次序列规律会被打破。由于移位动因基本上是焦点化的需要，因此，这类特殊的情态句又被称为焦点情态句。焦点情态句中情态词移位动因，可以总结为改变句子的焦点域的语用需要，或者是“＋Q”特征需要在句子左缘得到核查所致。

6.1　焦点情态句的定义

一般认为，以下几类情态词不能出现在陈述句的句首位置，因此，它们又被称为“句中情态词”，与其对应的概念是“句首情态词”：

（1）句中情态词

根情态：能、能够、会、可以、可、能、得［dé］、敢、肯、愿意、要、得［děi］、应、应该、应当、该

认识必然（VP 副词）：必定、肯定、一定、必然、势必

但是在下列特殊句式中，情态词能够出现在句首位置：

（2）<u>得</u>让全社都信服了，才能动手。

这件事我做不来，得你亲自做。

应该张三值日。

该你行动了。

(3) 一定是他打碎了花瓶。

肯定是张三买菜回来了。

需要指出，本书中“句首”“句中”均指线性句序中情态词出现的位置，即句法操作后最终停留的位置，不代表情态词基础生成的位置。与之相关的概念是“高位情态词”，指的是经过抬升操作移到主语前位置的情态词。在英汉两种语言里，基础情态句中情态词的常规句法位置均为句中位置，这也使得高位情态句成为有标记结构。基础情态句与焦点情态句的区分总结如下：

表 6-1 基础情态句与焦点情态句的区分性特征

情态句类型	情态词位置（移位）	焦点类型	焦点成分
基础情态句	位于基础生成位置	自然焦点（位于焦点）	无焦点成分或焦点成分未发生位移
焦点情态句	发生位移	有标记焦点（全句焦点或主语焦点）	句中携带［＋Focus］特征的成分提升到左缘位置进行特征核查

根据动词分析法，认识情态词为提升结构，因此，“可能”与“应该”能够出现在句首是符合预期的现象，而“会”例外，强制主语进行提升。

黄正德（1988）区分了“会”与“是”这两个提升动词的异同。二者都是单元动词，允许从句主语经过提升移至提升动词前面的空主语位置上形成表层语序。区别在于：“会”强制从句主语进行提升，而“是”不强制提升，且在句子中可以省略：

(4) a. ＊［e 会［这本书涨价］］

［这本书 会［~~这本书~~涨价］］

b. [e（是）[这本书涨价]]

黄正德并未解释两种结构在提升操作强制性上的差异成因。林宗宏（2012）认为情态助动词提升句中，主语强制进行提升操作是由 T 的 EPP 特征所驱动的。强制与非强制提升两种现象差异原因在于词库中空主语选择能力的不同，当词库不选择空主语时，句子强制进行提升；当词库选择空主语时，句子不强制提升。这种分析仍然将强制性操作的有无归结为词库属性的差异。

基于句（2）中情态词用于句首的现象，林若望与汤志真（1995）将“会$_{EPI}$”“应该$_{DEO}$”“可以$_{DEO}$”“要$_{DEO}$”归为提升动词，从分类的角度解决了句中情态词出现在句首的问题，但打破了动词分析法“认识→提升动词”的基本分类规则，又会引发新的问题。

随着句首情态句的现象得到越来越多的关注，而 MAV 对于主语移位的条件解释不够准确，在此基础上出现了一种新的分析方法：一方面坚持情态动词的基础生成位置在 TP 以下，另一方面认为句首根情态词并不能分析为主语原位的结果，而是存在一个情态词抬升至高位节点的操作，句首成分实现为以下结构（Chou，2013；Hsu，2019；YIP et al.，2022）：

（5）[$_{Foc\ P}$ Modal$_{i\ Foc}$ [$_{Topic}$ Subject [t_i…]]]

只有在焦点情态句中，情态词才能提升到句子左缘的层级，这一点从根本上与制图法区分开来。

关于焦点情态句中情态词移位动因，通常认为是句子的焦点成分或焦点域范围发生了改变。兰布雷克特（Lambrecht，1986，1994，2000）将句子的焦点结构分为宽焦点和窄焦点两大类。宽焦点句的焦点可能是谓语或整个句子，窄焦点句的焦点域内只限定一个单一的成分，如主语、宾语、间接论元或者谓词。句法操作能够改变句子的焦点类型。

兰布雷克特（1994）将句子按照焦点范围分为三小类：全句（TP）焦点句、主语焦点句、宾语焦点句。当句子中不存在任何焦点敏感算子时，句子焦点范围默认为全句，受到语句长度的影响和人脑信息加工的限制，此时焦点自然落到范围内最后一个动词短语上，形成谓语焦点句。当句子中出现焦点敏感算子时，焦点算子量化操作取用何种成分，则将焦点分配到对应的成分上，该成分便是焦点成分[①]。

汉语中的典型焦点敏感算子包括：才、就、只、都、也、仅、还等（董秀芳，2001；徐杰，2001）。

根据制图理论的焦点相关研究，焦点情态句的句子左缘存在一个前置焦点，当焦点敏感算子为隐性时，抬升为可选操作；当焦点敏感算子有显形语音形式时，抬升为强制操作。当句子的左缘没有焦点短语或话题短语时，ForceP 与 FinP 合二为一，句子表现为基础情态句。

许又尹（2019）认为在基础情态句中，焦点类型为默认形式，落在情态词后面的 VP 上。而高位情态句中，情态词的提升伴随着焦点域的改变，此时被焦点化的成分是情态词后的整个句子。

被焦点化的句子能够回答 What happened 问句：

（6）a. —怎么了？

b. —应该张三买比萨回来了。→整句焦点[②]

c. —＊张三应该买比萨回来了。→自然焦点（谓语焦点）

我们还可以用 What happened 问句来检测“可能”与“不可能”的不

---

① 关于焦点与焦点敏感算子的具体辨析还可以从以下角度进行：焦点能够在句中激发出一个与焦点成分相关的选项的集合，通常承载焦点重音；焦点敏感算子能够对句子的意义起到量化作用，即量化由焦点激发的相关选项集合，通常语音上弱读或不承载重音。（Rooth，1985；König，1991）

我们可以在具体语境中分析焦点敏感算子和焦点的功能区别：

（1）只有张三知道事情的真相。

焦点“张三”激发选项集合，变量取值可能为“李四”“王五”等。焦点敏感算子能够确定使语句真值为真的选项，即：除了张三知道事情的真相，其他人都不知道事情的真相。

（2）我只看过那本书。

当焦点激发的选项集合为有序量级时，焦点算子呈现出量级用法：

（3）这种事连小学生都知道⇒（梯级蕴含）⇒这种事中学生知道⇒这种事大学生知道

（4）屋子里连一个人都没有⇒（梯级蕴含）⇒屋子里没有两个人⇒屋子里没有三个人

句（1）、句（2）激发的选项不能是有序的量级序列，体现了非量级用法。

② 许又尹（2019）的“整句焦点”与兰布雷克特的“全句焦点”概念不同，前者是有标记的焦点结构类型，后者是自然焦点；前者的句法范围为包含了完整左缘结构的 CP，而后者的句法范围为 TP。

对称性：

（7）a. —怎么了？

b. —可能张三买比萨回来了。

c. —＊不可能张三买比萨回来了。

（7b）与（7c）的区别说明两个句子的焦点范围发生了改变，可以分析为条件情态“可能$_{CIR}$”在屈折域内与否定词先进行结合，然后提升到句首将整个句子转化为全句焦点。

情态副词也可以通过“Spec-to-Spec”移位，改变句子的焦点类型：

（8）今天似乎要下雨。→ 似乎今天要下雨。

（9）他可能不会来了。→ 可能他不会来了。

（10）小王大概必须马上续约。→ 大概小王必须马上续约。

除了情态词移位外，句子当中还可以出现其他显形焦点敏感算子来驱动句法移位操作。叶家辉、李梓明（2022）将焦点化分析为高位情态词的允准条件，只有当后边紧邻的成分承载焦点时，高位情态词的使用才能合法：

（11）a. 应该$_{DEO}$张三值日。

b. ＊会张三值日。

（12）a. 是$_{Foc}$应该$_{DEO}$张三值日。

b. 是$_{Foc}$要/＊会张三值日。

（13）a.（是不是）应该是张三值日？

b. ＊（是不是）会张三值日？

c. 会不会/要不要张三值日？

句（12）中的“是”字结构，以及句（13）中的 A-not-A 结构能够为后面毗邻的成分赋予焦点解读，因此，这两组句子合法。而（12b）之所以不合法，原因在于主语前面并未有一个能够启动焦点解读的成分，主语不能进行焦点化移位。如果我们能够把（12b）中的“会/要”改写成A-not-A结构（即句13b），高位情态词便能得到允准。这样的分析存在一定的问题，首先，从句（13）的同组对比中可以看到，A-not-A结构只能允许道义情态进入，而排斥认识情态。按照动词分析法的分析思路，似乎未能从提升/控制二分的角度解释这种进入焦点驱动结构的能力差异。其次，句（13b）中“会不会”与“要不要”不在同一个句法位置上，可以用“是”的共现来检测其先后顺序上的区别：

（14）a. 会不会是张三值日？

b. *是会不会张三值日？

（15）a. *要不要是张三值日？

b. 是不是要张三值日？

因此，本书基于制图方案法，探讨典型的焦点标记（如“是”、存现量化“有”）以及汉语中常见的焦点标记结构与情态词的相对位置关系，从而进一步细化情态句的层级序列。

6.2 焦点标记词“是”

黄正德（1988）将“是”字句分为三类：等同、类属、分裂。其中，用于分裂句的“是”为提升助动词，不能出现在根情态词之后，但可以出现在认识情态动词“可能$_{\text{EPI}}$”之后①：

（16）a. 他可能是出门去了。

b. *他应该$_{\text{DEO}}$是出门去了。

c. *他能$_{\text{DYN}}$是出门去了。

① 除了认识情态动词外，张谊生（2002）、史金生（2003）指出，汉语认识情态副词只能出现在“是”之前。

此外，黄正德还认为存现句中的“有”也有着类似的提升助动词的用法，但主语限定为不定指名词：

(17) a. 有一本书在教室里。

b. *有这本书在教室里。

存现“有”也不允许根情态词出现在前边的位置：

(18) a. 可能有一本书在教室里。

b. *应该$_{\mathrm{DEO}}$有一本书在教室里。

c. *能$_{\mathrm{DYN}}$有一本书在教室里。

曹逢甫（2005）详细地区分了“是”的五类用法：

①等同“是”（equative *shi*），论元可以互换位置而不改变句子意义：那个人是张三。

②分类“是”（classificatory *shi*）：张三是中国人。/他是教书的。

③存在“是”（existential *shi*≈*you*）：大门的正对面是一棵树。

④强调“是”（emphatic *shi*）：是张三做的。（“是”字携带重音）

⑤分裂“是”（cleft *shi*）：他是昨天来的。/张三是明天到纽约去。

⑥准分裂句：昨天看到王小姐的是张三。

其中，①～③是“是”的一般动词用法，④是“是”的焦点标记用法，⑤～⑥是“是”的提升动词用法。

分裂“是”与准分裂句都能够分离出一个独立成分作为信息焦点，区别在于：与分裂句相比，准分裂句的“是”不能省略[①]。

方梅（1995）认为轻读的“是”是一个焦点标记词，并提出了确认标记词的三条原则：一是作为标记成分，它自身不负载实在的意义，因此，不可能带对比重音；二是标记词的作用在于标示其后成分的焦点身份，所

① 笔者认为“昨天看到王小姐的”中“的”字更像一个关系子句的标记，功能是将前面的成分名物化，因此，准分裂句的实质更接近判断句的用法，即等同“是”的用法。

以焦点标记后的成分总是在语音上凸显的成分；三是标记词不是句子线性结构中的基本要素，因此，它被省略掉以后句子依然可以成立。

从上述分析中，我们能总结出焦点算子“是”的三个特征：①允许后边的主语进行提升；②省略不影响句子合法性；③语音轻读。

郑礼珊（2008）、何元建（2010）从形式句法的角度提出：“是”是一个焦点标记，被“是”标记的焦点结构要移位到句子左缘“Spec、FocP”的位置上核查“+Focus”特征。因此，焦点情态句中，认识情态词必须分布在焦点标记左侧，而根情态词则不能出现在焦点标记左侧：

（19）他应该去山下吃饭。→认识/道义歧义句

（20）a. 他应该$_{EPI}$［$_{Foc}$是］去山下吃饭。（我看见他出门了）

b. *他［$_{Foc}$是］应该$_{EPI}$去山下吃饭（了）。

（21）a. *他应该$_{DEO}$［$_{Foc}$是］去山下吃饭（了）。

b. 他［$_{Foc}$是］应该$_{DEO}$去山下吃饭。（山上没有食物）

综合上述分析，本书假设，焦点情态句中，标句层必然包含一个隐性或显形的焦点标记，允准非认识情态词移动到“Spec、FocP”的位置上，为毗邻成分赋予焦点特征。

6.3 汉语焦点情态句的主要类型

焦点情态句要包括一个完整的焦点词中心语（FocP），以焦点敏感算子为中心语，焦点成分为补足语（何丽萍，2018）。能够充当中心语的焦点词主要包括：“是$_{FOC}$”、“有$_{HAVE}$”、施事引入介词“让”“由”“给”等。

6.3.1 “是$_{BE}$”字引导的句首认识情态句

这个分区有两种“是”：命题标记助动词“是$_{BE}$”与强调“是$_{FOC}$”。前者在语音上要轻读，后者需要重读，能够驱动情态词移位的“是”只能是焦点标记“是”。

“是$_{BE}$”能够投射为以“是$_{BE}$”为中心语的认识情态短语 ModalP^{EPI}，补足语成分为后边衔接的 CP，以情态词作为修饰语，其语义功能为对“是”字后面引导命题性 CP 的“主观性评价或态度”（Lyons，1977；Bybee et al.，1994）

依据黄正德（1988）、贝莱蒂（Belletti，2008）①的相关分析，拟定汉语“是”字句的基本结构为：

（22）……是$_{BE}$［TP……］

当句中没有成分承载“＋Foc”标记时，句子为宽焦类型，“是”字可以隐现而不改变句子语义。此时句子为基础情态句，遵循“认识情态＞是$_{BE}$＞根情态”的层级序列：

（23）a. 可能$_{EPI}$/应该$_{EPI}$（是）天要下雨了。

b. ＊应该$_{DEO}$（是）天要下雨了。

（24）a. 可能$_{EPI}$/应该$_{EPI}$（是）之前打牌笑太多，我脑细胞都笑腻了。（CCL）

b. ＊应该$_{DEO}$（是）之前打牌笑太多，我脑细胞都笑腻了。

当“是$_{BE}$”以显形语音形式出现时，它以整个句子为辖域，能够吸引原本作为 VP 副词的认识情态副词提升到此处进行合并。省略语音形式时，其作为隐性命题标记继续存在，此时由于认识情态动词与命题情态副词基础生成位置高于“是$_{BE}$”，仍然出现在句首位置，而 VP 认识情态副词则失去移位动因，不被允准出现在句首位置：

（25）a. 可能$_{[动词]}$/应该$_{[动词]}$天要下雨了。

b. 大概$_{[CP副词]}$天要下雨了。

---

① 贝莱蒂（Belletti，2008）提出系动词 be 的补足语成分为 CP，结构如下：

(1)…*be*［CP…］

由于本书的相关探讨要完整还原左缘分裂 CP 内部的序列关系，因此，将“是$_{BE}$”的辖域上限定为 CP 的最右端成分 FinP（TP）。

c. *一定$_{[VP副词]}$天要下雨了。

换句话说，VP 情态副词的提升要求“是$_{BE}$”必须以显形形式出现。

6.3.2 “有”字激活的句首道义情态句与容量情态句

黄正德（1988）将存现“有”与“是”分析为句法结构大致相同的提升助动词，能够引介主语或 CP。差异在于：

（一）“有”引介的主语通常为不定指，“是”引介的主语通常为定指。

（26） a. 肯定$_{[VP副词]}$有人/*张三反对这种意见。

b. 肯定$_{[VP副词]}$是张三反对这种意见。

（27） a. 会有一只球/*那只球再次飞起，在空中盘旋、飞翔。那是我们未来的梦。(CCL)

b. 会是那只球再次飞起，在空中盘旋、飞翔。那是我们未来的梦。

（二）“有”能激活句首位置的道义情态句，“是”字不能：

（28） a. 得/该$_{DEO}$有一条法律禁止这种行为。

b. *得/该$_{DEO}$是一条法律禁止这种行为。

那么，“有”与“是”究竟能否处理为句法层级完全平行的成分呢？这个问题可以转化为：定指主语与不定指主语的句法位置是否等同？本书的结论是否定的，在解答这个问题之前，需要先引入蔡维天、杨謦瑜、刘承贤（2017）和蔡维天（2019）关于容量情态与主语有指性的讨论。

蔡维天、杨謦瑜、刘承贤（2017）结合普通话与闽语的语料，提出量化不定指主语（以下简称 QSI）可以在隐性容量情态结构中出现：

（29） 三个人$_{QSI}$（应该$_{DEO}$/可以$_{DEO}$）坐一部车。

容量情态是一种特殊的情态结构，含有一个相当于"应该$_{DEO}$"或"可以$_{DEO}$"的隐性情态词。

而认识情态与动力情态不能允准量化不定指主语：

(30) *三个人大概坐一辆车。

*大概三个人坐一辆车。

*三个人肯坐一辆车。

*肯三个人坐一辆车。

为了解释这种现象，蔡维天等（2017）区分了两类情态结构：ought-to-be结构与ought-to-do结构（Feldman，1986；Hacquard，2006）。QSI只能出现在ought-to-be结构中，不能出现在ought-to-do结构中：

(31) ought-to-be结构：*ought-to-be*＞容量情态＞QSI

a. 三个人$_{QSI}$应该$_{DEO}$/可以$_{DEO}$坐一部车。→ *定指/不定指[①]

b. *三个人应该坐一部车。

(32) ought-to-do结构：定指主语＞*ought-to-do*

c. *三个人$_{QSI}$应该坐一部车。

d. 有三个人应该坐一部车。→ 定指/*不定指

ought-to-be结构中，中心语由一个隐性（或方言中显形[②]）的容量情态充当，而ought-to-do结构则不允许出现QSI。因此，若想允准QSI进入句子，需要由一个存在量化算子"有"来约束名词短语（31b），该算子基础生成位置在νP边缘（[Spec，νP]）。

---

① 测试"定指"/"不定指"可以使用"追问"句：

a. 有三个人大概明天会来，*但我不知道是谁。→定指

b. 大概有三个人明天会来，但我不知道是谁。→不定指

② 容量情态在普通话中体现为隐性形式，在闽语中则可以以显形形式出现，如闽语"得"是一个容量情态，能够吸引动词抬升合并形成"V得"，然后"V得"又能被句法位置更高的情态词短语中心语e（如"会"）吸引上去，合并形成"V-e-得"的完整结构：

会食得、食会（得）、会得买、*会食

在 ought-to-be 结构中，由于名词本身具有量化性，抑制了存现算子的出现。在 ought-to-do 结构中，“有”必须出现才可以赋予名词不定指解读。

这样的分析存在一个问题：部分以“有”字引导的非 QSI 主语，能够出现在认识情态句以及 ought-to-do 道义情态句中：

(33) 有人应该$_{DEO}$对此事负责。

(34) 你大声点儿，有人可能$_{EPI}$没听见。

(35) 有些人可能$_{EPI}$会迟到。

一个解决办法是：将句（33）—（35）中的“有”处理为广义量化算子“有”，意为“存在一个或一个以上”。

石毓智（2002）提出了句法结构赋义规律，对于没有任何修饰语的光杆名词，以谓语中心动词为参照点，动词之前的被赋予有定特征，之后的被赋予无定特征。

(36) 句法结构赋义规律（石毓智，2002)：N 有定＋VP＋N 无定

如果想要改变被句法结构赋予的有定或无定特征，则必须借助语法标记。如果动词前的名词想要表达“无定”时，要借助存现标记“有”，而动词之后的词语要表达“有定”时，需要借助限定标记“这”。

ought-to-be 能够允准 *v*P 的内主语留在原位，且该主语为不定指。ought-to-do 强制存现算子的出现才能允准主语位置上的成分作不定指解读。换而言之，道义情态词后面的名词性成分，如果不借助任何存现标记，以光杆名词的形式直接出现，那么会产出不合法的结构：

(37) $* N_{无定} + Modal^{DEO} + N_{有定}$

这就解释了为什么 ought-to-do 结构中，存现算子必须以显形形式出现，且在句法结构赋义规律的要求下，提升到动词之前获得定指解读：

（38）$N_{有定}$ ＋$Modal^{DEO}$＋“有” ＋$N_{无定}$

根据上述发现，我们认为不定指主语的句法位置要低于定指主语，而引导不定指主语的存现算子“有”句法位置也要低于命题算子“是$_{BE}$”（以及焦点算子“是$_{Foc}$”）。我们将命题算子“是$_{BE}$”、存现算子“有”以及主语一起纳入情态词的句法层级序列中，可得：

（39）情态词的层级序列（3.0）：

认识动词＞“是”＞定指主语＞时制＞根副词＞否定词＞根情态＞“有”＞不定指主语＞νP

6.3.3　介词“让”“由”“给”激活的句首道义情态句

在情态词论元结构章节中，我们提到了道义情态句的一种特殊结构：由被动含义发展出引介功能来的介词“让”“由”“给”，可以用来标记施事主体（陈昌来，2001），允准出现句首道义情态词[①]：

（40）应该$_{DEO}$（由/让）人民群众监督政府决策。

（41）必须$_{DEO}$（由）上级颁发许可证。

（42）桌上的面包应该$_{DEO}$（给）妹妹吃。

有时，“让”“由”省略会影响句子的接受度：

（43）a. 应该$_{DEO}$/可以$_{DEO}$让张三值日。

b. 可以$_{DEO}$张三值日。

---

① 道义情态句中的“由”和“让”引进的是动作施事，均不表示被动，不能替换成“被”：

（1）a. 应该由小明担任值日生。

b. ＊应该被小明担任值日生。

（2）a. 可以让张三免费去北京。

b. ＊可以被张三免费去北京。

为什么会有这种语感上的差异呢？前文中提到，可以将这类引介施事主语的介词分析为一个中心语：

（44）非 ECM 道义情态词＋引介施事轻动词

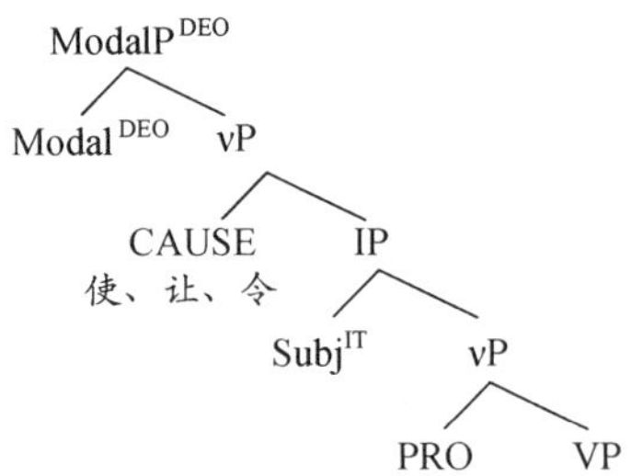

当"使""让""由""令"隐形时，内主语要获得格标记，就要提升到道义情态词的外主语位置上[①]，因此，句首情态句的接受程度就会降低。

6.3.4 "是$_{FOC}$"激活的句首道义情态句

"是$_{FOC}$"引介主句谓词指称事件的原因、条件，或对比对象。道义情态词能够省略，中心语"是$_{FOC}$"不能省略。

（45）应该$_{DEO}$是张三担任我们的老师。

句（45）中"是"字可以有两种用法："是$_{BE}$"与"是$_{FOC}$"用法。我们可以用重读测试、发生问句（*what happened* 问句）测试和对比追补测试来鉴别两种用法。

使用重读测试，"是$_{BE}$"用法下，句子为宽焦点，重音落在 VP 上；"是$_{FOC}$"用法下，句子为窄焦点，重音落在主语"张三"上。

使用发生问句测试，"是$_{BE}$"能够回答"怎么了?""发生什么?"问句，"是$_{FOC}$"不能回答这类问句。

---

① 或者也可将这种强制提升分析为从句标记词隐形后对主语外析拦截作用的消失，详情见 4.2.2 的讨论。

(46) —怎么了？

—应该$_{\text{EPI}}$是张三打伤了李四。

(47) —怎么了？

—＊应该$_{\text{DEO}}$是张三打伤李四。

使用追补测试，当为句子补充一个对比否定句时，“是”倾向于作“是$_{\text{FOC}}$”解读，焦点成分根据补充句的对比成分发生变化，并伴随着重音的转移（焦点成分以下画线标注）：

(48) 应该$_{\text{DEO}}$是张三担任我们的老师。（而不是李四）

(49) 应该$_{\text{DEO}}$是张三担任我们的老师。（而不是班长）

造成这种差异的原因在于，“是$_{\text{FOC}}$”带一个对比焦点“＋contrastive”。

认识情态能够充当“是$_{\text{BE}}$”的修饰语，而道义情态只能充当“是$_{\text{FOC}}$”的修饰语。由此，我们可以预测“认识情态＞是$_{\text{BE}}$”组合的位置高于“道义情态＞是$_{\text{FOC}}$”组合的位置，可以通过插入一个其他句法位置已知的成分，如否定词或条件情态“会$_{\text{CIR}}$”来将两类“是”从句法层级上划分开来：

(50) 否定词“不”：

a. 应该$_{\text{EPI}}$不是张三担任我们的老师。→认识＞否定

b. ＊应该$_{\text{DEO}}$不是张三担任我们的老师。→＊道义＞否定

c. 不应该$_{\text{DEO}}$是张三担任我们的老师。→否定＞道义

(51) 条件情态“会$_{\text{CIR}}$”：

a. 应该$_{\text{EPI}}$张三会$_{\text{CIR}}$担任我们的老师。→认识＞条件

b. ＊应该$_{\text{DEO}}$张三会$_{\text{CIR}}$担任我们的老师。→＊道义＞条件

c. 应该$_{\text{DEO}}$/会$_{\text{CIR}}$是$_{\text{FOC}}$张三担任我们的老师。→道义/条件＞［是$_{\text{FOC}}$］

句（51）说明，道义情态与条件情态竞争同一个句法位置，位于同一

个句法层级上。

此外，在认识情态句中，从句宾语进行话题化提升后，会出现在认识情态的后边，而道义情态动词的从句宾语话题化提升后会出现在道义情态的前边：

(52) a. 应该$_{EPI}$ [$_{Top}$值日] [是$_{BE}$ [$_{TP}$~~值日~~ [张三 [~~值日~~]]]]

b. [$_{Top}$值日] [$_{TP}$ [应该$_{DEO}$是$_{FOC}$ [张三 [~~值日~~]]]]

上述分析都说明了两种焦点结构的相对位置关系：认识情态+是$_{BE}$>道义情态+是$_{FOC}$。

回顾MAV的观点：焦点情态句中，情态词之所以出现在句首，是出于焦点化操作的需要而进行提升。然而，根据这种分析，在道义情态词充当焦点算子的前提下，前边还可以出现一个认识情态词与之连用：

(53) 可能$_{EPI}$ [$_{FOC}$应该$_{DEO}$ [张三值日]]

若将认识情态词“可能”出现在句首位置的动因也解读为充当焦点算子的需要，那么句首将出现两个连续的焦点算子，这违反了中心语重复限制原则①（Rizzi，2014）。

既然句首认识情态不能再解读为焦点算子的提升结果，那么如何解释句首“认识>道义”的语序问题？

基于制图法的层级分布理论，我们可以很自然地预测“认识>道义”的位置关系。句首道义情态句内发生焦点域的改变，可以解读为施事引介标记的隐现伴随着论元结构的变化，同时将VP焦点转化为主语焦点。而施事引介标记是否强制显现，又与主语有指性和句法结构赋义规律有关，当道义情态词后边出现了定指成分，额外语法标记就必须以显形形式出现。

此外，正式语体中存在一些句首为道义情态词的零主语、零时态句：

① 中心语重复限制原则（Rizzi，2014）：一个中心语不能选择另一个同质范畴的中心语。

（54）应当充分运用各种宣传工具，反复宣传，使之深入人心，变成群众的自觉行动。

（55）应该最大限度地挖掘和发挥各种现有的和潜在的教育资源。

若按照动词法的分析，这类句子也统一分析为道义情态词提升到句首的焦点算子用法，因此，为这类零主语句填充一个符合语义逻辑的主语时，主语会出现在道义情态词的后面，形成焦点算子右向约束焦点成分的结构。而根据制图法，这类句式中，情态词后面携带的成分为动词短语，是道义情态词的无标记用法，符合基础情态句的线性句序，如要填充一个主语，则主语会出现在情态词之前：

（56）a. 制图法预测语序：国家应当充分运用各种宣传工具，反复宣传，使之深入人心，变成群众的自觉行动。

b. 动词法预测语序：*应当国家充分运用各种宣传工具，反复宣传，使之深入人心，变成群众的自觉行动。

（57）a. 制图法预测语序：教育部应该最大限度地挖掘和发挥各种现有的和潜在的教育资源。

b. 动词法预测语序：*应该教育部最大限度地挖掘和发挥各种现有的和潜在的教育资源。

从上述现象可知，制图法能够更准确地预测隐含主语的位置，即这类句式应当分析道义情态词的基础句式，不包含任何移位，理论更加具有经济性。

6.4 情态词与其他焦点结构的共现限制

我们观察到道义情态词在句首、句中会排斥其他焦点结构的共现（焦点结构以下画线标示）：

(58) ＊应该$_{DEO}$张三都回家。

(59) ＊可以$_{DEO}$只有你才去北京。

(60) 必须$_{DEO}$连他都来。

而认识情态词句则不存在这种限制：

(61) 可能$_{EPI}$张三都回家了。

(62) 可能$_{EPI}$只有你才去北京。

(63) 可能$_{EPI}$连他都来了。

参考蔡维天（2007）运用情态词区分内外疑问状语“怎么”的思路，我们可以使用同一类焦点结构，可以将认识情态词与根情态词从位置上区分开来。

基于制图方案说，句子的左缘位置上有一个高位焦点 Foc^{H}，TP 内部有一个低位焦点 Foc^{L}（Rizzi，1997；Belletti，2004）。本书认为，认识情态词位置高于高焦点 Foc^{H}，而道义情态低于低焦点 Foc^{L}。

高焦点 Foc^{H}后边通常是话题性主语，低焦点 Foc^{L}后边通常是动词短语，本书将结合北京大学中国语言学研究中心 CCL 线上语料库中的语料，分别使用两类焦点结构来验证这一假设。

6.4.1 低焦点“才”“都”“就”“还”

焦点敏感算子“才”有两种用法：①用于句中，起到分割先决条件与可能结果的作用，“才”一般不重读；②表示较迟发生，同“刚刚”相近，“才”可以重读。

“可能”与焦点敏感算子“才”连用时，有两种语序。其中，“可能”＋“才”的搭配能够表示两种含义，如句（64）既可以表达直到一个较晚的时间点，财政状况才会有所改善，也可以表示达到“时间点来到明年下半年”这个条件后，“才”后的谓语事件“财政有改善”才能够发生。

(64) 财政直到明年下半年可能才会有改善。

（65）凌晨三点，他可能才回到家。

而搭配语序为“才”＋“可能”时，“才”不重读，只能用于句中，起到分割先决条件与可能结果的作用：

（66）个性鲜明才可能热卖。

（67）这个位置需要更大的量能才可能一口气突破。

“才”字句中“可能”能够出现两次，分别位于“才”字的左右两边，说明有两个不同的“可能”分别分布在高低不同的层级：

（68）市场普遍预期可能$_{EPI}$明年的一季度才可能$_{CIR}$看到企业盈利的底部。

此外，“可能＋才”的语序不能缩略为“能才”，而“才＋可能”的语序能够缩略为“才能”，符合条件可能“可能$_{CIR}$”的判别标准：

（69）财政直到明年下半年可能才（＊能才）会有改善。

（70）凌晨三点，他可能才（＊能才）回到家。

（71）个性鲜明才（可）能热卖。

（72）这个位置需要更大的量能才（可）能一口气突破。

根据上述三点分析，本书认为与低焦点词“才”搭配时出现在前边的“可能”为认识可能“可能$_{EPI}$”，出现在“才”后边的“可能”为条件情态“可能$_{CIR}$”，则句子序列有：“可能$_{EPI}$”＞“才”＞“可能$_{CIR}$”。

“都”能够表达三种含义：①强调量“多”，表示周边义，通常主语为复数名词；②表示时间较晚，相当于“已经”；③起到强调语气的作用，相当于“甚至”：

（73）他爷爷大概都 80 多岁了。→含义②/③

（74）他说可能今天一天大概都修不好。→含义③

（75）到家可能都7点了。→含义②

（76）要不是因为尤文，我可能都不会怀疑媒体报道的立场和倾向性。→含义③

（77）个人也要付两三万元，职工本人的年收入可能都不到这个数。→含义③

根据BBC语料库检索，认识情态全句副词“大概”与“都”连用时，“大概＋都”的用法有1320例；“都＋大概”仅有30例，且“都＋大概”的搭配中“都”不能表达强调语气义，只能表达周边义（即“都”的全称量化算子功能）。认识情态动词“可能”与“都”连用时也体现出类似的语义限制，即“都＋可能”不能表达周边义以外的两种用法。句子序列有：“认识”＞“都”。

结果标记词“就”与道义情态词搭配时，“就”通常出现在“必须”之前，“就＋必须”的搭配用法有22974例，而“必须＋就”的搭配语序仅有264例，且其中大部分句子中“就”的用法为介词用法，如：必须就这件事达成协议。

“就”与认识情态词搭配则无此限制，句子序列有：“认识”＞“就”＞“道义”。

“还”与认识情态词搭配时，通常出现在认识情态词的后边，而“还”与根情态词搭配时，只能出现在根情态词的前边：

（78）道义情态/动力情态动词：

a. 还要、还肯、还能、还愿意、还会、还必须

b. ＊要还、＊肯还、＊能还、＊愿意还、＊会还、＊必须还

（79）a. 他去年应该$_{EPI}$还交了个人所得税。

b. ＊他去年应该$_{DEO}$还交个人所得税。

c. 他去年还应该$_{DEO}$交个人所得税，今年已经不用交了。

句子序列有：“认识”＞“还”＞“道义”。

6.4.2　高焦点“只有”“无论”

当焦点结构为二元结构时，情态副词不能插入前件与后件之间，只能出现在整个结构的左侧或右侧。

唯一约束量化算子“只有……（才）”能够允准认识情态副词出现在前件之前，道义情态副词出现在后件之后，反之则不合法：

（80）a. 大概只有当事者才记住了他的一生。

b. ＊只有当事者才大概记住了他一生。

（81）a. ＊只有必须张三才喜欢句法学。

b. 只有张三才必须喜欢句法学。

无条件量化性算子“什么”“随时”“任何”“连”“哪个”“无论”“谁……都”也体现出这一特点：

（82）a. 她应该$_{EPI}$什么东西都进献给了他。

b. ＊她什么东西应该$_{EPI}$都进献给了他。

c. 她什么东西都应该$_{DEO/*EPI}$进献给他。

（83）a. 他随时都会$_{CIR}$倒下。

b. ＊他会$_{CIR}$随时都倒下。

这一现象亦符合认识情态隔离原则（Epistemic Containment Principle，简称 ECP 原则）：量化算子约束语迹不能跨越认识情态词，即当与量化算子同时出现在一个 CP 当中时，认识情态助动词必须占最大域：

（84）a. Most of our students must be home → ‘it must be the case that most...’

Modal^{EPI} ＞［＋Quantifier］

b. Every student may be home by now.

→ ‘it may be the case that every...’

$Modal^{EPI}$ > [+Quantifier]

有一种特殊的量化结构为无条件紧缩构式：无条件连词“无论”＋疑问代词“如何”组合构成“无论如何”，通常与根情态连用，而不与认识情态连用，其后 VP 的修饰语可由根情态词（前面加否定词或者焦点副词）来充当：

（85）a. ＊我们无论如何应该$_{EPI}$救活他。

b. 我们无论如何应该$_{DEO}$救活他。

动力情态词运用于无条件紧缩句中具有否定极性：

（86）未得上司允许，他无论如何不敢/＊敢放我们进去。

（87）我请他们写字，张先生无论如何不肯/＊肯写。

同样，道义情态副词可以插入在“无论如何”的后面：

（88）中秋节后，无论如何务必全行售出，以后做生意切勿太贪。（CCL 语料库）

（89）叶先生提出，他无论如何一定要见江先生。

综上所述，认识情态与道义情态基本上以各类焦点结构为中轴，呈现出上下分明的格局。高位焦点短语与低位焦点短语之间会形成一个不透明域，将两类情态词从层级上分开。这种不透明性体现在两个方面：一个是认识情态和道义情态通常会分别分布在焦点结构的左右两侧，当同一个情态词出现在同一个焦点结构的左右两侧时，会获得不同的语义解读；另一个则是当焦点短语为二元结构时，情态词不能插进前后件之中。

6.5 情态词与疑问式

我们最后感兴趣的是：为什么有些情态词能够改写成“×不×”的形式，并提升到句首位置引导是非问句，而有些情态词则不具有这样的功能？

在是非问句中，我们通常能观察到“Int（errogative）＞Modal”的序列：

（90）a. 是否＋可能/应该　是不是＋可能/应该

b. ＊可能/应该＋是否　＊可能/应该＋是不是

里奇（2001）提出：在 ForceP 和 TopicP 之间存在着一个功能投射 Int P，即疑问投射，证据来自意大利语是非疑问词 se 的分布情况。在一个焦点结构完整投射出来的句子中，疑问词 se 必须位于焦点短语的前面。

（91）Mi domando **se** QUESTO gli volessro dire（non qualcos' altro).

I wonder **if** THIS they want to say to them，not something else.

（92）＊Mi domando QUESTO **se** gli volessro dire（non qualcos' altro).

I wonder THIS **if** they want to say to them，not something else.

一个完整的左缘结构为：ForceP＞（＊TopP）＞IntP＞（＊TopP）＞FocP＞（＊TopP）＞FinP＞IP。

根据移位短语特征驱动假设，疑问词具有一个不可诠释特征“uQ”，能够驱动疑问词进行移位，上升到成分统制根式中心语 C 的“iQ”特征的位置上得到核查。因此，“×不×”结构被赋予一个“＋Q”特征，要提升到句子左缘对应的句子节点核查特征。

那么，什么样的情态动词能够进入“×不×”结构呢？本书认为，只有能够作为情态词短语中心语的成分才能够进入这一结构。因此，准入资格排除掉了情态副词以及认识情态动词①。而在根情态动词中，道义情态与条件情态的“×不×”可以用于句首位置，而动力情态的“×不×”结构只能出现在句中：

(93) a. 会不会$_{\text{CIR}}$他还没来？

b. 能不能$_{\text{CIR}}$你开车？

(94) a. 要不要$_{\text{DEO}}$我通知他明天的会议？

b. 应不应该$_{\text{DEO}}$他值日？

(95) a. *肯不肯$_{\text{DYN}}$他来？/他肯不肯来？

b. *愿不愿意$_{\text{DYN}}$你去学校？/你愿不愿意去学校？

c. *敢不敢$_{\text{DYN}}$你大声说话？/你敢不敢大声说话？

在不改变句子语义的前提下，我们将隐性中心语“是$_{\text{BE}}$”补回是非问句里，则道义情态词可以从“×不×”抽出来，失去移位动因留在原位，道义情态句子被转换“是不是$_{\text{BE}}$”＋基础情态句的结构：

(96) a. 是不是［要$_{\text{DEO}}$我通知他明天的会议］？＝要不要我通知他明天的会议？

b. 是不是［应该$_{\text{DEO}}$他值日］？＝应不应该他值日？

---

① 巴特勒（2003）观察到疑问焦点结构中，焦点中心语 Foc 位置上的成分可以统辖认识可能，而不能统辖认识必然：

(1) * *Mustn't she have been going to the library?*

焦点域内：*否定＞认识必然

(2) *Mightn't she have been going to the library?*

焦点域内：否定＞认识可能

(3) *Where must she have been going?*

焦点域内：*wh＞认识必然

(4) *Where might she have been going?*

焦点域内：wh＞认识可能

这个发现对于将“会$_{\text{CIR}}$”分析为可能情态提供了支持。

条件情态词中“是$_{BE}$”只能补到情态词的“×不×”形式后边，而不能还原成与道义情态句一样的结构：

(97) a. 会不会$_{CIR}$是他还没来？

b. *是不是会$_{CIR}$他还没来？

而动力情态句则不能补回任何形态的句首“是$_{BE}$”字结构：

(98) a. 是不是［他不肯$_{DYN}$来］？≠他肯不肯来？

b. 是不是［你不愿意$_{DYN}$去学校］？≠你愿不愿意去学校？

此处前组句子与后组句子虽然均为合法结构，但句子语义已经发生了改变，所以动力情态词的“×不×”形式不能够还原出相当于认识隐性情态词中心语“是$_{BE}$”高度的结构，这是动力情态词不能够作为句首疑问结构的原因。换言之，动力情态词短语的最大完整映射没有达到命题层级，而道义情态词与条件情态词都可以达到这一高度。

将“是$_{BE}$”（“是不是$_{BE}$”）与三种情态词的相对位置关联到一起，则有：

(99) 条件情态＞是$_{BE}$＞道义情态＞动力情态

这一规律再次印证了句法层级序列（制图法）的假设。

6.6　小结

本书对焦点情态句的概念进行了厘定，即句中包含显形焦点算子，并且线性语序与基础情态句存在差别的特殊情态句。焦点情态句中包含了高位焦点和低位焦点：低位焦点位于 TP 以下，高位焦点位于 TP 以上。两个焦点之间存在一个不透明域，将情态词分配在区域的上下两侧。

根据本节分析，可以将情态词的层级序列补充如下：

（100）汉语情态词的层级序列（4.0）：

认识情态动词>条件情态动词>$_{\text{BE}}$>高位焦点>定指主语>时制>低位焦点>根情态副词>否定词>根情态动词>$_{\text{SHALL}}$>不定指主语>νP

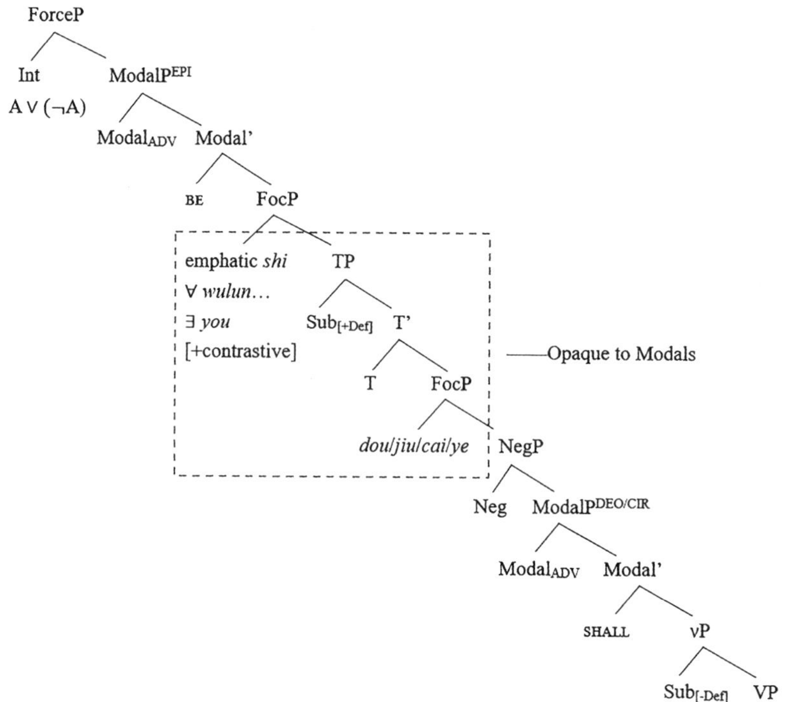

当句子的左缘没有焦点短语或话题短语时，ForceP 与 TP（FinP）合二为一，就形成了基础情态句的线性语序。

MAV 将先主语道义情态词统一分析为焦点算子用法，并伴有情态词的提升，而本书只将情态词的句首疑问结构分析为包含情态词的提升，这样既可以避免预测出“＊Foc>Foc”的非法结构，同时也能更好地解释和预测情态词与其他焦点结构的相对位置关系。

我们可以依据最终版本的层级序列结构，归纳出以下五大规律：

（101）情态词的句法环境限制规律

规律 A：Epi>Root，认识情态与根情态出现在同一个句子内，认识情态必然要高于根情态

规律 B：$Modal_{ADV}$>$Modal_{AUX}$，情态词短语中心语显形时，情态词作为修饰语要高于中心语。情态副词与情态动词出现在同一个 ModalP 内，情态副词要高于情态动词。

规律 C：* A+（¬A），同类情态动词共现时，语义内涵不能冲突：

* 可以不准，* 道义可能+（¬道义可能）

* 不应该$_{EPI}$可能$_{EPI}$，（¬认识可能）+认识可能

规律 D：Epi>Neg>Root，句中出现否定算子时，认识情态高于否定词，根情态低于否定词。

规律 E：Epi>Foc>Root，句子中如果出现焦点结构时，认识情态必须高于焦点结构，根情态要低于焦点结构。

情态句的线性语序生成是在层级分布的基础上，由焦点标记成分提升、题元指派要求以及特征核查需要共同作用的结果。

第七章 结 语

7.1 理论价值

本书的理论贡献主要体现在两个方面：关于情态词新分类体系的探讨、以制图法为核心的汉语情态词层级分析。

本书在情态词的经典三分系统的基础上，提出了根情态家族的新成员——条件情态的概念，包括：可能$_{CIR}$、会$_{CIR}$、能$_{CIR}$、可以$_{CIR}$，拟定了条件情态与认识情态、其他根情态的区分标准，从而论证条件情态类目的独立性。

同时，本书继承并发展了制图理论方案下的情态词层级划分理论，结合补足语属性、主语及论元结构、否定功能以及焦点互动关系，拟定了新的情态词层级序列。

（1）汉语情态词的层级序列（最终版）：

认识情态动词＞条件情态动词＞$_{BE}$＞高位焦点＞定指主语＞时制＞低位焦点＞根情态副词＞否定词＞根情态动词＞$_{SHALL}$＞不定指主语＞vP

同前人研究相比，该层级序列理论添加了以下新内容：

一、本书观察并总结了情态动词否定结构的四条规律，提出：只有根情态才有严格意义上的否定形式，而认识情态则不具有否定形式，同时，肯否不对称现象以及极性特征只存在于根情态词中。因此，本书认为宜取消巴特勒（2003）对高位否定词 Neg^{High} 节点的假设，主张只在低 TP 域内存在一个否定词中心语，可自由标记根情态、νP、TP，也可以在词库层面与认识情态进行加合后产生新的算子（不一定、不可能）。否定词能够与什么样的成分相结合是由自身的次范畴化特征决定的，即只能否定具有谓词性的成分，无须另外设定节点，理论更加经济。

二、取消了依照情态强度将"必要"类与"可能"类情态词在句法层面的层级划分，从而更加准确地预测到一些"可能"类情态词占宽域的情态词叠加现象。语言中不存在使用同一个词既能表达"认识可能"又能表达"认识必然"的情况，也不存在同一个词既表达"道义可能"又表达"道义必然"的情形，因此，"可能"与"必然"宜视作词库层面的区别，而非句法分层成分。

三、强调了情态词层级序列的适用范围，即能够运用于"基础情态句"的层级分析，"焦点情态句"句序则体现出不同的结构，要加以具体分析。但两种情态句中认识情态与根情态的基础生成节点仍然遵循制图方案理论的基本假设。

四、对主语的定指与不定指进行了区分，相比较原来"外主语"与"内主语"的简单划分，对主语有指性的关注能够帮助确定句子的基础论元结构，有助于分析隐性位移中伴随哪些赋格操作。同时，本书还提出了道义情态句中的论元凸显层级，可以用来辨析道义情态词位于不同句法位置的情形下，分别对应哪些底层论元结构，进一步解释了句首道义情态的由来，并与动词法的相关分析进行了比较。

在层级序列的基础上，本书详细地分析了情态词短语 ModalP 的具体结构，并提出中心语情态词$_{\text{MODAL}}$可以由 ECM 类根情态动词、事实确然$_{\text{BE}}$、道义确然性$_{\text{SHALL}}$来充当。当中心语为隐性时，从句主语可以提升到主句；当中心语为显形时，从句主语不可以进行提升。当句中同时出现情态动词和施事引介标记时，二者分别指派给动词主语和主句主语格位，句中同时存在一个以施事引介标记为中心语的轻动词短语和一个以道义情态为中心语的情态词短语。

情态词短语的指示语可以由情态副词充当，语义不冲突的情况下允许多个指示语嵌套。补足语为时制短语或轻动词短语，即有完整论元结构的成分。完整的情态词短语至少包含一个内主语，可以通过话题化提升成为主句主语。

认识情态副词的活跃范围为“Spec、Modal^{EPI}”到“Spec、Modal^{DEO}”之间，根情态副词只能充当根情态动词短语的修饰语。

最后，本书依据情态词句法层级序列假设，归纳出了情态词与其他句法成分共现时的五大规律，可以用来预测汉语中更多的基础情态句语序。

7.2 展 望

本书对新分类的假设基于一个理论蓝图式猜想：“多义情态词连续统”假设。英语中有不少动词兼具控制、提升、ECM 的用法（马志刚，2015），那么，汉语情态词是否也能体现出这样的同义跨类句法特征呢？

汉语情态动词处在一个多义连续体当中，整个系统不仅表现出“动词—助动词—副动词”的过渡性质，也表现出“认识情态—非认识情态”的过渡性来。就是说，典型范畴论可适用于对情态词的内部分类。

结合本书的讨论，我们将汉语情态动词的层级性从广义的层面来进行梳理，会得到一个全面的分类系统：

表 7-1 现代汉语情态动词的广义层级序列假设

	认识情态	道义/条件情态	动力情态
ICH 动词类型	类型Ⅰ	类型Ⅱ	类型Ⅲ
句法位置	高：运符域/算子	中：TAM 域	低：题元域
修饰成分	命题	情境	事件/动作
典型补足语结构	CP	IP	νP
说话人主观性程度	高	中	低
历史语义演变阶段	最终阶段	中间阶段	最早阶段

“多义情态词连续统”是典型范畴论从情态词外部分类延伸到内部分类的运用，包含两类启示：首先，根据典型范畴论，边缘成员总是由中心成员发展而来，因此，认识情态动词能在特定的句法环境下体现出根情态动词的用法，反之则不成立。其次，“认识—道义/条件—动力”的三层区分不仅体现在句法层级上，更体现在多个语法、语用、语法化等属性上。这样一个更加开放性的系统体系的描写，或许可以成为层级性理论的一种新分析思路。

参考文献

中文文献

[1] 蔡维天. 重温“为什么问怎么样，怎么样问为什么”：谈汉语疑问句和反身句中的内、外状语 [J]. 中国语文，2007 (3)：195-207，287.

[2] 蔡维天. 谈汉语模态词的分布与诠释之对应关系 [J]. 中国语文，2010 (3)：208-221，287.

[3] 蔡维天. 论汉语内、外轻动词的分布与诠释 [J]. 语言科学，2016，15 (4)：362-376.

[4] 蔡维天. 汉语的语气显著性和隐性模态范畴 [J]. 语言科学，2019，18 (1)：1-12.

[5] 曹逢甫. 汉语的句子与字句结构 [M]. 王静，译. 北京：北京语言大学出版社，2005.

[6] 陈莉，李宝伦，潘海华. 汉语否定词“不”的句法地位 [J]. 语言科学，2013，12 (4)：337-348.

[7] 程文华. 否定极性词语解析 [J]. 合肥学院学报（社会科学版），2007 (4)：74-76.

[8] 邓思颖. 汉语被动句句法分析的重新思考 [J]. 当代语言学，2008，10 (4)：308-319，379.

[9] 邓思颖. 形式汉语句法学：第二版 [M]. 上海：上海教育出版社，2019.

[10] 董秀芳. 论句法结构的词汇化 [J]. 语言研究，2002 (3)：56-65.

[11] 董正存. 汉语量化表达的语义来源及演变 [M]. 北京：华文出版社，2020.

[12] 谷峰. 先秦汉语情态副词研究 [D]. 天津：南开大学，2010.

[13] 顾阳. 时态、时制理论与汉语时间参照 [J]. 语言科学，2007 (4)：22-38.

[14] 郭锐. 现代汉语词类研究 [M]. 北京：商务印书馆，2002.

[15] 范伟. 情态范畴的原型性特征及量级特征 [J]. 对外汉语研究，2012 (1)：171-181.

[16] 范晓蕾. 汉语情态词的语义地图研究 [M]. 北京：商务印书馆，2020.

[17] 胡波. 汉语情态助动词的句法分析 [M]. 北京：中国社会科学出版社，2016.

[18] 何丽萍. 汉语焦点结构的句法研究 [M]. 北京：中国社会科学出版社，2018.

[19] 何元建. 论汉语焦点句的结构 [J]. 汉语学报，2010 (2)：53-68，96.

[20] 黎锦熙，刘世儒. 汉语语法教材：第一编 [M]. 上海：商务印书馆，1957.

[21] 李明. 汉语助动词的历史演变研究 [D]. 北京：北京大学，2001.

[22] 李明. 汉语助动词的历史演变研究 [M]. 北京：商务印书馆，2016.

[23] 王维贤，李先焜，陈宗明. 语言逻辑引论 [M]. 武汉：湖北教育出版社，1989.

[24] 林刘巍. 汉语情态强度研究 [M]. 北京：社会科学文献出版社，2019.

[25] 廖秋忠.《语气与情态》评介 [J]. 国外语言学，1989 (4)：157-163.

[26] 刘月华，潘文娱，故铧. 实用现代汉语语法 [M]. 北京：外语教

学与研究出版社，1983.

[27] 马志刚. 标句词的及物性与英语控制结构的最简研究 [J]. 天津外国语大学学报，2015，22（2）：11-19.

[28] 马志刚，宋雅丽. 基于语段理论的汉语长、短被动句统一分析 [J]. 现代汉语，2015，38（2）：470-481，583.

[29] 潘海华. 词汇映射理论在汉语句法研究中的应用 [J]. 现代外语，1997（4）：1-16.

[30] 彭利贞. 现代汉语情态研究 [M]. 北京：中国社会科学出版社，2007.

[31] 沈家煊. 不对称与标记论 [M]. 南昌：江西教育出版社，1999.

[32] 石毓智. 肯定和否定的对称与不对称 [M]. 北京：北京语言文化大学出版社，2001.

[33] 石毓智. 论汉语的结构意义和词汇标记之关系：有定和无定范畴对汉语句法结构的影响 [J]. 当代语言学，2002（1）：25-37，77.

[34] 石毓智，李讷. 汉语语法化的历程：形态句法发展的动因和机制 [M]. 北京：北京大学出版社，2001.

[35] 宋永圭. 现代汉语情态动词“能”的否定研究 [D]. 上海：复旦大学，2004.

[36] 王伟. 情态动词“能”在交际过程中的义项呈现 [J]. 中国语文，2000（3）：238-246，287.

[37] 巫雪如. 先秦情态动词研究 [M]. 上海：中西书局，2018.

[38] 夏赛辉，张文忠. 汉语或然性认识情态动词的语法化研究 [J]. 求索，2010（6）：231-232，192.

[39] 徐晶凝. 现代汉语话语情态研究 [M]. 北京：昆仑出版社，2008.

[40] 徐晶凝. 现代汉语话语情态研究：修订本 [M]. 上海：上海教育出版社，2022.

[41] 杨黎黎. 汉语情态助动词的主观性和主观化 [M]. 广州：世界图书出版公司，2017.

[42] 张和友. 概念域、功能投射与插入语的句法结构 [J]. 汉语学报，

2016（2）：35-42，96.

[43] 章敏. 现代汉语中情态指向的反事实句研究 [D]. 杭州：浙江大学，2016.

[44] 郑剑平. 副词修饰含“不/没有”的否定性结构情况考察 [J]. 四川师范大学学报（社会科学版），1996（2）：72-78.

[45] 郑敏惠. 福州方言“有＋VP”句式的语义和语用功能 [J]. 福建师范大学学报（哲学社会科学版），2009（6）：92-98.

[46] 朱德熙. 语法讲义 [M]. 北京：商务印书馆，1982.

[47] 朱冠明. 汉语单音情态动词语义发展的机制 [J]. 解放军外国语学院学报，2003（6）：43-48.

[48] 梅德明，佟和龙. 什么是最简方案 [M]. 上海：上海外语教育出版社，2019.

[49] 朱冠明. 情态与汉语情态动词 [J]. 山东外语教学，2005（2）：17-21.

[50] 范晓蕾. 助动词“会”情态语义演变之共时构拟：基于跨语言/方言的比较研究 [J]. 语言暨语言学，2016，17（2）：195-233.

英文文献

[1] BERTO F. A modality called ‘negation’ [J]. Mind，2015，124（495）：761-793.

[2] BUTLER J. A minimalist treatment of modality [J]. Lingua，2003，113（10）：967-996.

[3] BYBEE J，PERKINS R，PAGLIUCA W. The evolution of grammar [M]. Chicago：The University of Chicago Press，1994.

[4] BYBEE J，FLEISCHMAN S. Modality in grammar and discourse：an introductory essay [M]. Amsterdam：John Benjamins Publishing，1995.

[5] CARNIE A. Modern syntax [M]. Cambridge：Cambridge University Press，2011.

[6] CINQUE G. Adverbs and functional heads: a cross-linguistic perspective [M]. Oxford: Oxford University Press, 1999.

[7] CITKO B. Phase theory [M]. Cambridge: Cambridge University Press, 2014.

[8] CHIU B. An object clitic projection in Mandarin Chinese [J]. Journal of East Asian Linguistics, 1995, 4 (2): 77-117.

[9] CHOMSKY N. Lectures on government and binding [M]. Dordrecht: Foris, 1981.

[10] CHOMSKY N. The minimalist program [M]. Cambridge: MIT Press, 1995.

[11] CHOMSKY N. Problems of projection [J]. Lingua, 2013, 130: 33-49.

[12] COATES J. The semantics of the modal auxiliaries [M]. London: Croom Helm, 1983.

[13] CROFT W. Typology and universals [M]. London: Cambridge University Press, 1990.

[14] ESCHENROEDER E, MILLS S, NGUYEN T. The expression of modality [M]. Berlin: De Gruyter, 2006.

[15] FELDMAN F. Doing the best we can [M]. Dortrecht: Reidel, 1986.

[16] GIVÓN T. The binding hierarchy and the typology of complements [J]. Studies in Language, 1980, 4 (3): 333-377.

[17] GRIMSHAW J. Projection, heads, and optimality [J]. Linguistic Inquiry, 1997, 28 (3): 373 - 422.

[18] HAEGEMAN L. Adverbial clauses, main clause phenomena, and the composition of the left periphery: the cartography of syntactic structures, volume 8 [M]. Oxford: Oxford University Press, 2012.

[19] HEDIN E. Negation and modality: a study of some epistemic predicates in modern greek [J]. Journal of Greek Linguistics, 2016,

16 (2): 155-180.

[20] HUANG C. Chinese passives in comparative perspective [J]. Tsing Hua Journal of Chinese Studies, 1999, 29: 423-509.

[21] HUANG N. Control complements in Mandarin Chinese: implications for restructuring and the Chinese finiteness debate [J]. Journal of East Asian Linguistics, 2018, 27 (4): 347-376.

[22] JACKENDOFF R. Semantic interpretation in generative grammar [M]. Cambridge: MIT Press, 1972.

[23] LI C, THOMPSON S. Mandarin Chinese: a functional reference grammar [M]. Berkeley: University of California Press, 1981.

[24] LI Y-H A. Order and Constituency in Mandarin Chinese [M]. Dordrecht: Kluwer, 1990.

[25] LIN J, TANG C. Modals as verbs in Chinese: a GB perspective [J]. Bulletin of the Institute of History and Philology Academia Sinica, 1995, 66 (1): 53-105.

[26] LIN T. Multiple-modal constructions in Mandarin Chinese and their finiteness properties [J]. Journal of Linguistics, 2012, 48 (1): 151-186.

[27] LYONS J. Semantics [M]. Cambridge: Cambridge University Press, 1977.

[28] MATTHEW C. Two nondescriptivist views of normative and evaluative statements [J]. Canadian Journal of Philosophy, 2018, 48 (3): 405-424.

[29] MORANTE R, SPORLEDER C. Modality and negation: an introduction to the special issue [J]. Computational Linguistics, 2012, 38 (2): 223-260.

[30] MURPHY M L, KOSKELA A. Key terms in semantics [M]. London: A&C Black, 2010.

[31] PALMER F R. The English verbs [M]. London: Longman,

1974.

[32] PALMER F R. Modality and the English modals [M]. London and New York: Longman, 1979.

[33] PALMER F R. Mood and modality [M]. Cambridge: Cambridge University Press, 1986.

[34] PANAGIOTIDIS E. The complementizer phase: subjects and operators [M]. Oxford: Oxford University Press, 2010.

[35] PICALLO M. Modal verbs in catalan [J]. Natural Language and Linguistic Theory, 1990, 8 (2): 285-312.

[36] POLLOCK J. Verb movement, universal grammar, and the structure of IP [J]. Linguistic inquiry, 1989, 20 (3): 365-424.

[37] PORTNER P. Modality [M]. Oxford: Oxford University Press, 2009.

[38] QUIRK R, GREENBAUM S, LEECH G, SVARTVIK J. A comprehensive grammar of the English language [M]. London and New York: Longman, 1985.

[39] RADDEN G, DIRVEN R. Cognitive English grammar [M]. Amsterdam: John Benjamins Publishing Company, 2007.

[40] RADFORD A. Transformational grammar [M]. Cambridge: Cambridge University Press, 1988.

[41] RADFORD A. Analyzing English sentence structures [M]. Cambridge: Cambridge University Press, 2012.

[42] RIZZI L. On some properties of criterial freezing [J]. Studies in linguistics, 2007 (1): 145-158.

[43] RIZZI L, CINQUE G. Functional categories and syntactic theory [J]. Annual Review of Linguistics, 2016, 2: 139-163.

[44] SAITO M. Japanese wh-phrases as operators with unspecified quantificational force [J]. Language and Linguistics, 2017, 18 (1): 1-25.

[45] SWEETSER E. From etymology to pragmatics: metaphorical

and cultural aspects of semantic structure [M]. Cambridge: Cambridge University Press, 1990.

[46] SHYU S. Remarks on object movement in mandarin SOV order [J]. Language and Linguistics, 2001, 2: 93-124.

[47] TING J. On the climbing of the particle suo in Mandarin Chinese and its implications for the theory of clitic placement [J]. Linguistic Review, 2010, 27 (4): 449-483.

[48] TRAUGOTT E. On the rise of epistemic meanings in English: an example of subjectification in semantic change [J]. Language, 1989, 65 (1): 31-55.

[49] TRAUGOTT E. Regularity in semantic change [M]. Cambridge and New York: Cambridge University Press, 2002.

[50] VAN DER AUWERA J, PLUNGIA V. Modality's semantic map [J]. Linguistic Typology, 1998, 2 (1): 79-124.

[51] VON WRIGHT G H. An essay in modal logic [M]. Amsterdam: North-Holland, 1951.

[52] VON FINTEL K, IATRIDOU S. Epistemic containment [J]. Linguistic Inquiry, 2003, 34 (2): 173-198.

[53] WURMBRAND S, KOVAČ I, LOHNINGER M, et al. Finiteness in south slavic complement clauses: evidence for an implicational finiteness Universal [J]. Linguistica, 2020, 60 (1): 119-137.

[54] ZHANG N. Sentence-final aspect particles as finite markers in Mandarin Chinese [J]. Linguistics, 2019, 57: 967-1023.

[55] CHENG L. Deconstructing the shì... de construction [J]. The Linguistic Review, 2008, 25 (3): 235-266.

[56] CHOU C T. Unvalued interpretable features and topic a-movement in chinese raising modal constructions [J]. Lingua, 2013, 123 (1): 118-147.

[57] LAMBRECHT K. When subjects behave like objects: an

analysis of the merging of s and o in sentence-focus constructions across languages [J]. Studies in Language, 2001, 24 (3): 611-682.

[58] PORTNER P. Modality [M]. Oxford: Oxford University Press, 2009.

[59] LI C, THOMPSON S. Mandarin Chinese: a functional reference grammar [M]. Berkeley: University of California Press, 1981.

[60] HUANG N. Control complements in Mandarin Chinese: implications for restructuring and the Chinese finiteness debate [J]. Journal of East Asian Linguistics, 2018, 27: 347-376.

附 录

表 1 缩略语表

缩略语	英文全称	中文全称
AUX	auxiliary	助词
CIR	circumstantial (modal)	条件（情态）
CP	complementizer phrase	补足语短语
DEO	deontic (modal)	道义（情态）
DP	determiner phrase	限定词短语
DYN	dynamic (modal)	动力（情态）
ECM	exceptional case-marking	额外格赋予
EPI	epistemic (modal)	认识（情态）
EPP	Extended Projection Principle	扩展投射原则
FinP	finite phrase	定式短语
FocP	focus phrase	焦点词短语
ICH	Implicational Complementation Hierarch	诠释完成度序列
LF	logical form	逻辑式
MP	modal phrase	情态词短语
Neg	negator	否定词
NP	noun phrase	名词短语
PRO	PRO	空代词
pro	pro	空词词

续　表

缩略语	英文全称	中文全称
QSI	quantity indefinite subject	量化不定指短语
RT	reference time	参考时间
Spec	specifier	指示语
TAM	Tense-Aspect-Modality	时制—语态—情态
TP	Tense phrase	时间词短语
vP/νP	light verb phrase	轻动词短语
VP	verb phrase	动词短语

表 2　道义情态词限定性测试例句

从句允准操作	道义情态动词					
	应该$_{DEO}$	必须$_{副词}$	可以$_{DEO}$	需要	得［děi］	限定性诊断
完成体标记	否	否	否	否	否	［－Finite］
从句宾语话题化	是	是	是	是	是	［－Finite］
VP 拷贝提升	是	是	是	是	是	［－Finite］
焦点化成分外移	是	是	是	是	是	［－Finite］
宾语长距被动化	否	否	否	否	否	［＋Finite］

说明：

1. 搭配完成体/进行标记（过、了$_1$、在、来着）：

（1）＊张三应该/必须/可以/需要/得交过作业。

（2）＊她应该/必须/可以/需要/得吃了饭。

（3）＊张三应该/必须/可以/需要/得在交作业。

（4）＊他应该/必须/可以/需要/得吃饭来着。

2. 从句宾语话题化：

（5）你［这篇报告］应该/必须/可以/需要/得尽快写完__。

3. VP 拷贝提升：

(6) 张三［骑马］应该/必须/可以/需要/得骑三次。

4. 焦点化成分外移[①]：

(7) a. 张三应该/必须/可以/要/得连这种小事都自己处理。

b. 张三［连这种小事都］应该/必须/可以/需要/得__自己处理。

5. 宾语长距被动化：

(8) a. 李四应该/必须/可以/需要/得举报张三。

b. *张三被李四应该/必须/可以/需要/得__举报。

① 在语感调查中，部分母语者反映（7b）要远优于（7a），笔者认为这是触发了情态词句法环境限制条件 E 的结果，即当句子中有“连……都”焦点结构时，根情态要出现在焦点结构右侧。

致　谢

时光飞逝，在香港中文大学的学习生活也来到了最后一年。回首往昔学习生活，既有风雨，亦有彩虹；既有在茫茫大雾之中燃起明灯为我指引方向的良师，亦有一路相伴同舟共济的益友，幸甚！

本书由我的博士论文整理而成。在此，非常感激我的导师邓思颖教授，从开始选题到内容撰写，从初稿到终稿，均得益于导师耐心的指导。邓老师治学研究的严谨与敏锐，以及与晚辈后学交流时展现出来的仁厚与通达，都令我高山仰止。邓老师在百忙之中组织线上面谈，关心我们的学习与生活，令我无论身居校内还是校外，都能感受到别样的温暖。我也要感谢冯胜利教授，是他令我能够来到香港中文大学这个优秀的平台。我永远忘不了最初在同济大学语音学研修班时，他慷慨激昂、铿锵有力的学术演讲。在香港求学这些年，每当情绪低迷时，冯老师的那份治学的热情与信仰，总会从内心深处给予我勉励。我还要感谢评审委员会的郭必之教授，在校期间有幸修习他的方言学课程，我是一个非历史与比较语言学背景出身的“外行”，他总会用最简单有效的语言为我指点迷津。我还要感谢外校评审委员蔡维天教授，他的相关著作为我的博士论文提供了重要的理论基石。我要感谢“中大语法”小组里的各位同门。我要感谢与我前后脚踏入中大校门并同年毕业的裴晓倩，在我论文写作最困难的时候，有她与我相互扶持、彼此劝勉。我要感谢师妹王瑞霏、罗琴芹，她们丰富了小组里的语感判断来源，更让结伴而行的生活变得多姿多彩。最后，我要感谢远在家乡的父母，他们是我坚实的后盾、身心的港湾，让我无论走到天涯海角，都能无惧雨雪风霜。